Claudia de Breij (1975) is c
oudejaarsconferences en a
waaronder *Hete Vrede*, waa
Uit die voorstelling komt ha
ze columniste van de *VARA*g
ten!, waarvan ruim 50.000 exemplaren zijn verkocht. Claudia de Breij en Jessica van Geel – (1973), freelance journalist voor onder andere *NRC Handelsblad* – leven samen met hun twee zoons in een hypermodern samengesteld mozaïekgezin.

Claudia de Breij

Neem een geit

Leven voor gevorderden

Rainbow® wordt uitgegeven door
Uitgeverij Rainbow bv, Amsterdam

www.rainbow.nl

Een uitgave in samenwerking met
Lebowski Publishers, Amsterdam

www.lebowskipublishers.nl

www.overamstel.com

Omslagontwerp: Riesenkind
Auteursfoto: Jacqueline de Haas
Druk: Novoprint, Sant Andreu de la Barca
Uitgave in Rainbow april 2020

ISBN 978 90 417 1366 7 NUR 400

INHOUD

Maar ik zou mezelf wel iets toewensen. Namelijk dat ik efficiënter gebruik had kunnen maken van de ervaring van anderen in het uitvinden van mijn eigen, hoogstpersoonlijke weg door het leven. Ik heb te vaak gedacht dat ik het zelf moest uitzoeken. Voor een deel is dat ook de geest van de tijd: we hebben een individualistische sfeer opgetrokken waarin mensen het idee hebben dat ze het allemaal zelf moeten doen. Maar dat is natuurlijk onzin. Het is onzin want alles is al uitgezocht, door iedereen die dat ook weer hoogst individueel en strikt persoonlijk heeft gedaan. Les één: ga vooral te rade bij anderen.

– René Gude

DO NOT FOLLOW ME, I'M LOST TOO

Een paar zomers geleden was ik erg in de war. Ik was verliefd, verhuisd, gescheiden, oververmoeid – dat alles door elkaar en niet per se in deze volgorde.

'Wanneer wordt het weer leuk?' vroeg ik, met dikke wallen na alweer een betraande nacht, aan de psycholoog die ik na jaren van weerstand toch maar eens had geconsulteerd.

'Als je al een poosje in je nieuwe huis zit en er hangt hier en daar weer wat aan de muren,' zei hij.

Een prettig antwoord. Concreet, met een kalmerende belofte van huiselijkheid.

Bovendien, kan ik inmiddels zeggen, was het waar.

Die kleine, praktische wijsheden had ik toen erg hard nodig, maar nu nog steeds. Eigenlijk altijd al. Woorden moet ik hebben, taal om me aan vast te klampen, mantra's om de demonen het zwijgen op te leggen. Levenslessen, liefst het antwoord op de vraag: 'Wat is het geheim van een lang en gelukkig leven?' maar ook gewoon bruikbare, praktische tips voor het volwassen bestaan.

Tot het einde van de puberteit is alles namelijk prima geregeld. En gedocumenteerd. In opvoedboeken kun je precies zien hoe lang een kind hangerig, huilerig en humeurig is omdat het tandjes krijgt. In de puberteit kun je op school stiekem bladeren in je biologieboek naar de pagina's met plaatjes van geslachtsorganen en precies uitvinden hoe het werkt, met die hormonen van jou. Baby, kleuter, puber, alles ben je onder begeleiding. Tot vervelens toe staan mensen je toe te roepen wat je moet doen. 'Welke middelbare school kies je? Wat ga je studeren? Wat wil je later worden? Wat ga je hierna doen? Wie heb je bij je? Wat doet zijn vader? Kunnen jullie die hypotheek wel aan? Doe je wel een das om?' En dan ineens, ergens rond je vierentwintigste, wordt het stil. Je mag het zelf weten. Als je er niet uit komt, ga je maar met vrienden praten, of op yoga. Je kunt nog een zelfhulpboek kopen of in therapie, of desnoods je tijd gaan zitten verdoen bij een ex-manager die na zijn burn-out een coachingspraktijk is begonnen. Niemand die je meer zegt hoe het moet. En dat is fijn. Maar soms ook niet. Soms zou ik willen dat er even iemand kwam die zei: 'Dit heb ik ook gehad. En toen heb ik het zus en zo opgelost.'

Dat helpt.

Alles wat ik nu, zo'n beetje in het midden van mijn leven (stel dat ik het geluk heb een jaar of tachtig te worden) meemaak, is door andere mensen ook al meegemaakt. Andere mensen zijn ook volwassen geworden, verliefd geweest, getrouwd, gescheiden, opnieuw begonnen. Andere mensen hebben ook kinderen gekregen, carrière gemaakt. Ze zijn ziek geweest, in de rouw, dolgelukkig. En alle kennis daarover ligt daar maar ergens in hun hoofd te wachten tot iemand er eens naar vraagt.

Wij hebben in onze cultuur geen traditie van het eren van onze oudsten. We doen wel aardig tegen ze, maar echt serieus nemen we ze niet. Hun tijd is geweest, en die is per definitie nooit zo bijzonder als de onze – die hen trouwens toch te snel gaat.

Die warrige zomer ligt inmiddels gelukkig lang achter me, maar de vragen bleven. En ineens dacht ik: zou ik de antwoorden misschien niet gewoon kunnen vinden bij mensen die al flink geleefd hebben? Mensen van een jaar of zeventig, en ouder? Zouden die mensen niet kunnen helpen bij een soort verkennend zelfonderzoek?

Het werden bijzondere ontmoetingen. Samen met mijn geliefde, Jessica van Geel, reed ik het hele land door om achtereenvolgens Hanneke Groenteman, Nico ter Linden, Willeke Alberti, Hans Wiegel, Anne-Wil Blankers, Paul van Vliet, Hedy d'Ancona, Geert Mak, Erica Terpstra en Herman van Veen te ontmoeten. Ik had de vragen, Jessica, journalist bij onder andere NRC *Handelsblad* en *Vrij Nederland*, de vaardigheden. De bedoeling was steeds een stevig interview, de praktijk bleek meestal een vrolijke middag met oliebollen of broodjes zalm (al naargelang het seizoen) en bijna altijd de vraag: 'We drinken toch nog wel even iets gezélligs?'

Er werd door sommige zeventigplussers flink getwijfeld over mijn verzoek, vaak met de reden 'Ik heb geen levenslessen te delen'. Ik kan me daar veel bij voorstellen, maar ik ben er inmiddels van overtuigd dat dat niet waar is. Van alle geïnterviewden heb ik veel opgestoken, soms zonder dat zij zich ervan bewust waren. Daarnaast merkte ik hoeveel ik tussen de regels door van vrienden, familie en toevallige ontmoetingen had geleerd en besloot dat ook die lessen gedeeld moesten worden.

Ik ben nu veertig, en hoewel ik de schroom van de geïnterviewden deel – 'ik leef maar wat, ik heb geen levenslessen te delen' – wil ik het toch proberen. Dat ik dat durf is mede dankzij filosoof René Gude, de inmiddels overleden Denker des Vaderlands die me het laatste zetje gaf niet te bang te zijn dit boek te schrijven. Hij durfde, onder andere op televisie, zo kwetsbaar te zijn in zijn noodzaak mensen tot andere, positieve inzichten te brengen en heeft me er met diezelfde inspirerende houding van overtuigd dat dit 'een steengoed project' was. Hij hoopte, door steeds een maandje mee te pikken, de boekpresentatie nog mee te maken. Het heeft helaas niet zo mogen zijn.

Ik denk aan René Gude met grote dankbaarheid.

Alleen al vanwege zijn opmerking dat je het in het leven niet alleen hoeft te doen. Hij zei: 'Ik heb te vaak gedacht dat ik het zelf moest uitzoeken. Les één: ga vooral te rade bij anderen.'

Die anderen kunnen er ook weer goed naast zitten, en ik zeker. Waarschijnlijk denk ik, als ik dit boek over dertig jaar nog eens doorlees, dat ik er beter mee had kunnen wachten tot ik zeventig was. Maar ja. Het leven is nu.

Op weg naar een van de geïnterviewden voor dit boek, diep in de polder, gaf mijn navigatie het op. Ik besloot maar een stukje achter de enige auto aan te rijden die ik zag. Op de achterruit zat een sticker: DO NOT FOLLOW ME, I'M LOST TOO.

Net als ik, dacht ik. Dus als je tijdens het lezen van dit boek denkt: waar gaat ze in godsnaam heen? Volg mij maar niet, ik ben ook verdwaald.

Maar juist daarom wilde ik die levenslessen verzamelen, antwoorden zoeken op die vragen, te rade gaan bij anderen. Omdat je het niet allemaal alleen hoeft te doen, in het leven.

En ik ook niet.

Utrecht, oktober 2015

NEEM EEN GEIT

We zijn bij Hanneke Groenteman thuis. Een middag vol verhalen, waarvan een groot deel sappig (en dus off the record). Thee, koekjes en na een paar uur praten dan toch maar witte wijn en een nootje. Met mate, want Hanneke hoort kleine hapjes te nemen na de maagverkleiningsoperatie die ze onderging om, vrij laat in haar leven, het lichaam te krijgen dat wat haar betreft altijd al bij haar paste.

Hanneke Groenteman. Als puber smulde ik van haar presentatie van het zondagmiddag-cultuurprogramma *De Plantage* op televisie. Ze is slim, ze is grappig, ze is lief – maar niet ongevaarlijk. Ik vond haar altijd stoer. Zo'n sterke vrouw die in haar eentje een zoon grootbracht en al die tijd is blijven werken, en zichzelf heeft ontwikkeld. Nu is ze oud, volgens de kalender dan. Bijna zesenzeventig als we haar spreken. Toch kun je vrijuit met haar praten over het leven, de liefde, seks en de geneugten van een incidenteel xtc-pilletje.

'Ik weet helemaal niks hoor, ik heb helemaal niks te zeggen,' antwoordt ze op mijn verzoek. Maar langskomen mag altijd, want dat is sowieso gezellig. Hanneke blijkt, in weerwil van haar bescheiden houding, vol te zitten met levenslessen (waarover later meer) en zelfs met de les die de titel van dit boek zal brengen. 'Ik heb in mijn leven ongelofelijk veel plezier gehad van een verhaal dat Renate Rubinstein mij geloof ik heeft verteld,' vertelt ze. 'Een verhaal waar je echt wat aan hebt in je leven.'

Wij nemen nog een nootje en kruipen naar het puntje van onze stoel.

'Een arme, oude Joodse man woont in een heel klein hutje met vijf kinderen en een zwangere vrouw. Ze kunnen hun kont niet keren, het is veel te vol. Die man is ten einde raad, gaat naar de rabbijn en zegt: rabbi, ik heb een huisje, vijf kinderen, mijn vrouw is zwanger, ik word helemaal gek in dat kleine hutje, wat moet ik doen? De rabbijn zegt: neem een geit in huis. Die man denkt: een geit? Maar hij doet alles wat de rabbijn zegt en koopt dus die geit. In dat volle hutje, met die zwangere vrouw en die vijf kinderen, komt een poepende, piesende geit. Hij wordt helemaal gek natuurlijk en gaat een week later naar de rabbijn terug. Hij zegt: rabbi, die zwangere vrouw, die vijf kinderen, die geit, wat moet ik doen?

Zegt de rabbijn: doe die geit weg.'

Ik kijk wazig, vermoed ik, want Hanneke legt uit: 'Dan heeft hij ruimte, snap je? Dus wij hebben heel vaak in de familie dat iemand zegt: die heeft een geit. Iemand heeft bijvoorbeeld een afspraak en die ander belt af. Of je gaat er zelf niet naartoe, en merkt dan dat je ervan geniet dat je niet hoeft. Dan was het een geit.'

Verdomd. Wij kunnen dat ook hebben, dan zeggen we tegen elkaar: we gaan naar de film en spreken af met die en die. Of niet. En dat 'of niet' zeggen, dat voelt dan heel goed.

Hanneke: 'Dan was het een geit.'

De les is eigenlijk: doe die geit weg. Want een geit nemen, dat heb je vaak gedaan. Je hebt het alleen niet doorgehad. Als je te druk bent, gestrest, slecht slaapt, niet aan jezelf toekomt, niet leuk bent: zoek de geit. En doe hem dan weg.

JE KUNT HET LEVEN BETER DOEN (OF SLECHTER)

Een actrice, een schrijver, drie politici, een cabaretier, een zanger, een zangeres, een presentatrice en een dominee.

Die laatste had ik echt nog wel nodig. Natuurlijk, ze zijn allemaal niet achterlijk, de mensen die we spraken. Ze hebben allemaal nagedacht over het leven, en vooral: geleefd. Maar dominee Nico ter Linden moest erbij, omdat hij anders is.

Ik kende hem vooral van zijn serie *Het verhaal gaat...* Een reeks boeken waarin hij de verhalen uit de Bijbel op zo'n manier opnieuw vertelt dat ik ze begrijp en inspirerend vind. In de wereld van Ter Linden is het geloof liefdevol, intelligent en tolerant. Zo'n man, zo'n wijze man die veel mensen heeft gesproken terwijl ze op de hoogte- en dieptepunten van hun leven waren aangekomen, die veel heeft gereflecteerd op menselijkheid en menselijk gedrag, zo'n man van God, die kun je toch ándere dingen vragen.

Misschien, als ik in de joodse of islamitische traditie was opgegroeid, had ik een rabbijn of een imam gevraagd, maar ik ben een kind van de christelijke traditie. En zelfs dat maar lafjes, hoewel ik nooit het podium op ga zonder een kruisje te slaan – een erfenis van mijn lieve katholieke godsdienstjuf op de lagere school. Zelfs een ongelovige als ik kan niet om de grondtoon van haar eigen cultuur heen, en de Bijbel klinkt daar nou eenmaal sterk in door. Wat ik, als het maar liefdevol, intelligent en tolerant is, mooi vind.

En daarom zitten we dus, op een winterse middag, in de gezellige woonkamer van het echtpaar Ter Linden. Nico heeft wat dingen opgeschreven. Anders dan de meeste andere wijzen die we raadplegen, heeft hij niet gezegd 'Ik doe maar wat hoor, ik heb geen levenslessen'. Die heeft hij namelijk wel. Het is zijn vak. Zijn leven. Dus aan hem durf ik te vragen, voor ik deze hele onderneming ten onrechte serieus ga nemen: heeft het zin? Heeft het zin om te zoeken naar wijze woorden, levenslessen, of is dat de zoveelste variant op de illusie van een maakbaar leven?

We nemen nog een kopje thee, leggen de door mevrouw Ter Linden gemaakte sandwiches even opzij en beginnen met de hamvraag: kun je het leven beter of slechter doen? Nico ter Linden had er al over nagedacht. Hij zit op de leren bank in corduroybroek, lamswollen trui én zijn element als hij zegt: 'In mijn pastoraat probeer ik altijd om te beginnen mensen uit dit schema van goed en kwaad te halen, want het belemmert vrije waarneming. Voor je gaat oordelen, over jezelf of over een ander, in termen van goed en kwaad kun je beter zo onbevangen mogelijk bezien wat er speelt. Wat valt er, los van goed en kwaad, over te zeggen? Verboden gevoelens en gedachten mogen dan vrijelijk geventileerd worden. Je zult zonder twijfel alles ánders willen doen, maar laat dat dan in vrijheid gebeuren, niet uit boosheid. Uiteindelijk moet je als een "verlost" mens kunnen zeggen: *I did it my way.*'

Kortom, beter of slechter, dat is niet aan de orde, aldus Ter Linden.

Dat doet me denken aan een van de nagelaten lessen van filosoof René Gude: 'Neem steeds de tijd om terug te kijken naar wat je hebt gedaan, en doe dat met een zekere mildheid.'

Maar ja. Die mildheid, die is mooi achteraf, in de reflectie, maar vóóraf kun je toch zeker wel proberen de dingen zo goed mogelijk te doen?

Nico ter Linden: 'Ik was al lang predikant, in Stompetoren, bij de boeren, en toen hebben ze me gevraagd of ik ook twee dagen in de gevangenis kwam werken. Dat vond ik enig om te doen. Als ik uitgekeken raakte op de boeren ging ik naar de boeven, en omgekeerd. Dat hield mekaar mooi in evenwicht. De eerste keer dat ik bij die gevangenis kwam! Deur open, deur dicht, nog een deur open. Herrie van hol metaal en een brigadier die zei: die jongen van cel nummer 21, Jan, die wil met u spreken. Dus ik zei: prima, laat hem maar komen. Hij kwam de kamer binnen, we praatten even, en ik dacht nog: ik begin niet over zijn delict, maar dat deed hij zelf vrijwel meteen. Hij had een moord gepleegd. Hij zei...' Ter Linden kijkt naar zijn handen die een wurgende beweging maken. '... Ik moet nog steeds lachen als ik eraan denk. Ik dacht: god, zou hij hem gewurgd hebben? Ik bakte er helemaal niets van. Wat moest ik daar nu weer op zeggen? Ik weet niet wat ik gezegd heb, maar het kan nooit goed zijn geweest. Ik dacht vooral: ik ken mijn vak niet, ik weet niet hoe ik met zo'n gek moet praten.'

Ter Linden heeft nog meer herinneringen aan zijn begintijd. 'In diezelfde periode had ik een jonge alleenstaande boer die bij me langskwam en vroeg of ik een boekje over homoseksualiteit had 'Want ik heb een vriend en ik wil dat boekje aan hem uitlenen'. Daar deed ik niets mee. Ik gaf hem dat boek, verder deed ik niets. Ach. Het is een beroemd joods verhaal. Dan gaat er iemand naar de rabbijn en zegt: een vriend van mij dreigt zijn geloof te verliezen, weet u wat voor hem? Zegt de rabbijn: wat een rare vriend heb je, waarom komt hij me dat niet zelf vragen? Zegt die man: ik denkt dat hij zich schaamt. Dan zegt de rabbijn: maar dat geeft toch niet, hij had toch kunnen zeggen dat hij voor een vriend kwam? Maar bij die boer heb ik dat niet gedaan. Ik heb hem een krampachtig, gereformeerd boekje gegeven en er verder niet over gesproken. Ook toen dacht ik: ik ken mijn vak niet. Toen ben ik in de leer gegaan. Ik ben in Nijmegen gaan studeren bij professor Berger. Dat was een briljant pastoraal theoloog en psycholoog. Goed katholiek priester, geestige man ook. Daar heb ik erg veel geleerd. Bijvoorbeeld dat als een moordenaar lacht: wat kan dat betekenen? Dat is schaamte. Een voetballer die zijn kans mist, gaat lachen. Het moet iets van schaamte zijn. Ik had kunnen zeggen: het houdt je heel erg bezig, hè Jan? Dan blijf je bij hem. Dan sla je het niet dicht met moraal.'

Kun je het leven beter of slechter doen? Zoals het een goede geestelijke betaamt laat Ter Linden mij zelf het antwoord zoeken.

Ja, ik denk van wel.

Je kunt fouten maken, leren en raad vragen en wijzer worden, bijvoorbeeld van een oude professor, of een dominee – of een boek.

HOU NOOIT EEN COMPLIMENT VOOR JE

Sommige waarheden debiteer je al zo lang dat je niet eens meer weet van wie je ze gestolen hebt. Het principe 'je mag nooit een compliment voor je houden' breng ik al zo lang in de praktijk dat ik vermoed dat ik het toch echt zelf verzonnen heb.

En dat ik dat deed heeft natuurlijk te maken met die andere waarheid: 'Mensen behandelen je zoals ze zelf behandeld willen worden.'

Ik ben dol op complimenten geven, want ik ben dol op complimenten krijgen. Het maakt me niet eens veel uit waarover. De tandarts zei laatst tegen me: 'Wat heb jij een mooi gezond tandvlees. Lekker roze. Goed hoor.' En pas toen ik weer thuis was en me afvroeg waar dat fijne, enigszins jarige gevoel ook weer van kwam bedacht ik: o ja. De tandarts vindt dat ik mooi tandvlees heb. Een kinderhand is gauw gevuld, kun je denken, maar volgens mij geldt dit voor veel mensen. Dus ik hou me nooit in, zeg tegen vaders op het schoolplein dat ze mooie schoenen aan hebben en stuur brieven naar mensen die ik goed vind.

Dat heeft me al veel geluk gebracht.

Zo schreef ik als meisje van een jaar of zeventien eens een brief aan Herman van Veen om hem te bedanken voor alles wat ik van hem had geleerd. Ik had zoveel gekeken en geluisterd naar wat hij maakte en daar zoveel aan gehad dat ik vond dat ik het eens moest zeggen, het compliment niet langer voor me mocht houden. Ik gaf de brief na een voorstelling en werd twee dagen later gebeld door iemand van het management of ik eens een dagje mee wilde kijken bij de repetities. Nog altijd heb ik veel aan de dingen die ik die dag leerde – en aan de herinnering zelf.

Jaren later bracht mijn wet 'hou nooit een compliment voor je' me nog groter geluk. Het was december, en er stond een prachtig stuk in de krant over hoe mensen kerst vieren. De auteur had een stel geportretteerd op een flat in Overvecht, de Utrechtse wijk waar ik geboren ben. Het stuk was met zoveel aandacht, zorg en liefde geschreven dat ik er iets over móést zeggen. Ik mailde de auteur, die het doorstuurde aan haar chef. Haar chef mailde mij – en vele interviews, toestanden en jaren later ligt die chef hier nu naast mij in bed.

Zelfs als er uit je complimenten geen grootse ontmoetingen of eeuwige liefdes voortkomen maar een ongemakkelijke glimlach of gewoon geen sjoege, dan nog moet je het altijd blijven doen, vind ik. Het geven kost mij namelijk niets. Zelfs niet aan die ene hautaine vriendin die er nooit echt goed op reageert – waardoor ik zou kunnen denken: zak erin, ik zeg nooit meer iets aardigs over je mooie nieuwe jasjes – kost het mij niets, sterker nog, ook dan geeft het mij iets. Want al is de reactie lelijk en gesloten, ik sta dan in de wereld zoals ík wil: open en vol bewondering.

SCHRIJF EEN BRIEF

Misschien wel het mooiste sms'je dat ik ooit kreeg:

Je komt morgen om elf uur ja vraagteken Xxaw

Eenmaal bij Anne-Wil Blankers (want zij stuurde het) thuis, de volgende morgen om elf uur, mag ik op haar antieke Samsung laten zien waar het vraagteken zit. Haar telefoon mag dan gedateerd zijn, Anne-Wil Blankers is dat niet. Ze is van 1940 (dus reken maar uit) maar in haar hele wezen energiek, jong en open. Je kunt niets over haar lezen of schrijven zonder dat er termen moeten vallen als '*grande dame* van het Nederlands toneel' – en terecht, want dat is ze. Ze ontvangt ons bij haar thuis in de verbouwde boerderij waar ze woont met Ger, al meer dan vijftig jaar haar echtgenoot, en hun zoon Diederik, die zelfstandig woont, maar wel op het erf – hij heeft een spierziekte. Zoon Christo is acteur, dochter Marjolijn leeft niet meer. Zij had het syndroom van Down (Anne-Wil: 'Wij zeiden altijd gewoon dat ze een mongooltje was. Dat ánderen daar nou een scheldwoord van maken. Jammer! Ik vind het lief.') Marjolijn is op tweeëndertigjarige leeftijd overleden.

Als zoiets gebeurt, bij iemand anders dan, dan moet je een brief schrijven, leert Anne-Wil. Zeker als je niet naar de dienst kunt, maar sowieso. 'Ja,' zegt ze terwijl ze koffie voor ons maakt, 'al zijn het maar acht regels. Het is belangrijk. Toen wij Marjolijn verloren kregen we veel brieven. Je had nog geen mail, geen internet. Dat vond ik toen hartverwarmend. Sommige mensen draaien er een brief lang omheen, anderen zijn directer. Het maakt allemaal niet uit. Het gaat erom dat je moeite doet, dat je erbij stilstaat en iets opschrijft. Ik kreeg ook een brief van Jeroen Krabbé, hij opende met: "Marjolijn is dood". Dat schrijf je niet zomaar, daar denk je goed over na. Ik vond het heel confronterend en mooi. Ik krijg nu nog de rillingen als ik eraan terugdenk.'

De dood is eng. Iemand aanspreken die net iemand heeft verloren ook. Ik ben altijd heel bang om iets verkeerds te zeggen – en dat zal ik ook wel regelmatig hebben gedaan. Maar andersom heb ik ook gezien hoe fijn het is als mensen die moeite wel doen. Als ze vragen hoe het gaat, of nog beter: iets opgeschreven hebben. Dan is ineens die ene onbeholpen oom die nooit behoorlijk uit zijn woorden kwam heel troostrijk, met zijn herinneringen aan de overledene in een oudemannenhandschrift op rijm in een brief geschreven.

Dus doe die moeite. Ga ervoor zitten en verwoord wat je denkt of voelt.

Het doet ertoe.

Het helpt.

Uitroepteken.

ACT YOUR AGE

Vroeger kon ik goed dansen. Vond ik zelf. Ik had een soort eigen *moves* waarbij ik heel diep door mijn benen zakte, dieper dan veel andere mensen konden, en dan heel cool weer in één snelle beweging naar boven bewoog op nét die ene gave *break* in de muziek, hup, tot stand. Dat kon ik omdat ik weliswaar nogal zware maar ook heel sterke bovenbenen had. Verder kwam er een hoop geheupwieg bij kijken. Inmiddels betwijfel ik, nu ik dit zo opschrijf, of het ooit cool is geweest, maar iedereen heeft het in elk geval jarenlang welwillend meegespeeld.

Tot ik, nog niet zo lang geleden, op een eindeseizoensfeestje was van een tv-programma waar ik weleens aan meewerk. Ze geven daar altijd heel leuke feestjes, met beroemde mensen en vage types en veel te mooie actrices. Op de dansvloer vind je sowieso die mooie actrices, nonchalant dansend, en mij, samen met de losgeslagen redactie, niet nonchalant dansend. De DJ startte 'Don't Stop 'Til You Get Enough' van Michael Jackson. Dat is mijn liedje. Daarop kan ik mijn moves heel erg goed doen. En zeker als in het midden van het nummer Michael het even helemaal in laat dalen, waarna het op die enorme 'Oeh!' weer keihard losgaat. Dan laat ik me alsmaar dieper richting dansvloer zakken, om precies op de ademhaling voor die oeh te herrijzen, als een kiezel uit een katapult, de hele dansvloer in vervoering brengend. Ik kijk er dan bij alsof het allemaal maar een grapje is natuurlijk, maar ondertussen. Ik doe het toch maar.

Of nee, ik doe het dus niet. Want op Michaels ademhaling vlak voor die oeh wil ik mezelf wel katapulteren, maar een spier in mijn rechterbovenbeen doet niet meer mee en ik val om. Op mijn zij. Op de dansvloer. Als een oud, kreupel schaap dat door de boer overeind gezet moet worden.

Ik zet alle kracht in die ik in mijn linkerbeen vermoed en krijg mezelf overeind, uit de maat. Probeer een gezicht te trekken alsof het allemaal maar een grapje was. De mooie actrices kijken vol mededogen, de redacteuren doen alsof ze het niet gezien hebben en de vage types waren gelukkig gewoon met zichzelf bezig. Maar de schande is onomkeerbaar en de val uit het paradijs definitief. Ik ben hier te oud voor. Ik mag gerust nog op een dansvloer gaan staan, dat wel, maar ik moet me niet meer in mijn hoofd halen dat dat dan gaaf is.

Kinderen schamen zich altijd als hun ouders op familiefeesten de dansvloer op gaan. Ik tenminste wel. Mijn moeder danst, net als haar hele generatie, met pasjes op de plaats en door óm de maat de ene of de andere schouder op te tillen, links-rechts, links-rechts, alsof ze jeuk in afwisselend hun ene en dan weer hun andere oor hebben maar daar heel guitig mee omgaan. Mijn vader springt gewoon zo snel mogelijk achter het drumstel en gaat daar met heel veel *swag* zitten doen alsof hij bij de band hoort.

'Nu ben ik ook zo gênant voor mijn kinderen,' zeg ik tegen een vriendin. 'Die gaan zich ook zo schamen voor mij als ik dan op een feestje de dansvloer op ga. Verschrikkelijk toch?'

'Welnee,' zei zij. 'Weet je wat míj erg lijkt? Als je als kind moet zeggen: kijk dan, die twee die daar zo ontzettend gaaf staan te dansen, dat zijn mijn ouders.'

Zoals de grote wijsgeer Prince al zei: *act your age, not your shoe size, baby*. Als je eruitziet alsof je oké bent met je leeftijd, lijk je jonger dan wanneer je je best doet er jonger uit te zien.

Kijk maar naar Hanneke Groenteman. Ze is nooit die oude mevrouw tussen al die jonge mensen. Ik vertel haar dat ik dat in haar bewonder. Zelf ben ik bang dat ik vanaf mijn veertigste alsmaar meer zo'n knarrige oude pot word – dat ik zuur zeg: dat heb ik allang gedaan. Hanneke werpt tegen dat ze zelf misschien 'te jong is in een oud lichaam'.

'Deze tijd is zo spannend,' vertelt ze. 'Kijk maar wat er nu op de dansvloer gebeurt. En wat ze met nieuwe media doen. Terwijl ik de oude dingen ook koester, maar écht *exciting* vind ik de dingen die nu bedacht worden. Zo'n ontwerper als Daan Roosegaarde, daar word ik helemaal warm van. En ik wil dj Tiësto nog wel zien op Ibiza... Het hele jonge leven, ik zou er niet aan moeten denken om daar niet van te genieten. Het is ook het fijne van deze tijd, dat je van alles kan snoepen.'

Neelie Kroes, ook zo'n voorbeeld. Keurig zeventigplus in de keuze van sieraden en mantelpakjes, maar toch een soort hippe Alexander Klöpping vanbinnen. Ze probeert niet mee te doen met de snelle wereld van internet, start-ups en andere zaken waar de meeste zeventigplussers zenuwachtig van zouden worden, nee, ze bepáált die zaken. Goede vrouw om eens kledingadvies aan te vragen, bedacht ik toen ik eens met haar in een kleedkamer belandde. Zij werd opgemaakt, en ik zag mijn kans schoon om haar deskundige blik eens over mijn kledingkeuze voor die avond te laten schijnen.

'Het hangt ervan af,' zei ze. 'Wat wil je uitstralen?'

Goeie vraag. Zo goed dat ik er meteen van dichtsloeg. Neelie gaf college: 'Kijk, alleen dat bloesje staat heel jong. Met het jasje erover is het meer *distingué*.'

'Wat zou u doen?' vroeg ik.

'Mét jasje,' zei ze.

Dus dat deed ik. Die avond dan. Want ik wilde wel eens iets distinguées uitstralen. En toen ik een andere avond dacht: vandaag ben ik heel jong, deed ik alleen het bloesje aan.

Want wat *acting your age* is bepaal je natuurlijk nog altijd zelf. Kijk maar naar Neelie. En naar Hanneke.

VERTROUWEN GEEFT VERTROUWEN

We leven in een *low trust society*, hoorde ik laatst op de radio. Mensen hebben weinig vertrouwen in ambulancebroeders, leraren en agenten. De enigen die we nog minder vertrouwen dan gezagsdragers, zijn politici. Ik zat in de auto en luisterde, terwijl ik door Zeeland reed. Ik passeerde het zoveelste geïmproviseerde kraampje met een bord: KERSEN, 1 EURO. Er zat niemand bij. Net als bij de eerdere tafels met aardappels, eieren en zeekraal die ik was tegengekomen stond ook hier een oud cacaoblik of dichtgeplakt emmertje waar jodenkoeken in hadden gezeten. Daarin werd je als klant geacht je euro's te deponeren – wat je dus ook doet, want zoveel blind vertrouwen durf je niet te beschamen.

Oké, het is Zeeland. Misschien dat het zo'n standje in de Randstad anders vergaat. Dat er wel eens iemand een zak jonagolds meepikt zonder een euro in het geldbusje te doen. Of het geldbusje zelf meeneemt. Of het hele kraampje achter in de kofferbak flikkert. Maar het is de moeite waard het op meer plaatsen te proberen.

In datzelfde Zeeland zijn er hier en daar nog strandtenten waar je niet met je pinpas kunt betalen. Als je, zoals ik, voor de zoveelste keer vergeet dat dat nog bestaat en met lege handen bij de kassa staat, gebeurt er iets onverwachts. In plaats van dat de eigenaar boos op je wordt of een onderpand eist, zegt hij: 'Kom je toch gewoon morgen weer even.' Wat je dus ook doet! Want vertrouwen geeft vertrouwen.

Oud-VVD-politicus Hans Wiegel gelooft dat dat ook geldt in een werksituatie. 'Je moet in je werkomgeving zo plezierig opereren dat mensen het fijn vinden om met je te werken. Ik ben heel jong fractievoorzitter geworden. Ik was amper dertig. Het record is nog nooit gebroken. Ik was een jong ventje, een jonge kapitein op de brug zoals ze zeiden, maar ik heb de fractie met heel losse hand geleid. Ik hoefde ook al die stukken niet te lezen die we behandelden in Kamer. Ik zei alleen: als er iets politiek gevaarlijks in zit dan wil ik het weten. Voor de rest, je zoekt het maar uit. Dus áls de algemene politieke koers aan de orde was, lieten ze dat aan mij over. Vertrouwen geeft vertrouwen.'

Ik ben het (zoals zó vaak!) helemaal met Wiegel eens. De mensen met wie ik in het theater werk vertrouw ik blind op hun kunde en verantwoordelijkheid voor het geluid, het licht, de muziek of waar ze dan ook maar over gaan, omdat ik het nou eenmaal niet allemaal zelf in de gaten kan houden – en omdat ik hen zo goed vind. En als er dan iets misgaat hoef ik nooit kwaad te worden, omdat zij het zelf altijd nog veel erger vinden dan ik. Omdat het hun eigen winkeltje is, niet het mijne. Wie vertrouwen krijgt, beschaamt het niet.

'We sturen u de stukken waarin we u citeren natuurlijk nog even toe,' zeiden we tegen Hans Wiegel aan het einde van ons gesprek, net als tegen alle andere geïnterviewden.

'Nee hoor,' zei hij. 'Dat hoeft niet. Je maakt er maar wat moois van. Ik ga dat niet allemaal zitten controleren. Dat is jouw verantwoordelijkheid, om het eerlijk op te schrijven zoals ik het verteld heb.'

Vertrouwen geeft vertrouwen.

Zo heeft Hans Wiegel het gezegd.

HET BESTE VOOR JOU IS NIET PER SE HET BESTE VOOR IEDEREEN

We konden een dagje aan de boemel want opa en oma pasten op de kinderen. We logeerden met zijn allen in zo'n fijn Spaans vakantieappartement, waren met elkaar zo onderhand wel bijgepraat en opa die een bommetje doet in het zwembad is nog veel gaver dan de moeders, dus gaan jullie maar, kom nou, maak het maar zo laat als jullie willen, daag, daag. 'En rijden jullie lekker naar Girona?' riep mijn moeder nog. Daar had ze zo'n leuke reportage over gelezen in de *Libelle* 'of de *Margriet*, nou ja, ik moet nog zó'n stapel doornemen', dat mochten we gewoon niet missen. 'We kijken wel,' zeiden we, want we hadden ook zo'n vreselijke zin in lunch bij dat mooie kasteel verderop waar ze die goeie wijn hadden, en dan nog even naar dat plaatsje waar we vroeger ook wel eens met zijn tweeën waren geweest, zonder kinderen, 'nou dahaaag, tot vanavond!' 'Veel plezier in Girona,' riep mijn moeder ons nog na. We konden met een gerust hart vertrekken, mijn vader werd onder schot gehouden door twee volgeladen supersoakers.

Het werd een heerlijke dag. We dronken te veel wijn bij dat kasteeltje, aten vis in dat plaatsje waar we destijds ook zo romantisch hadden gezeten, reden nog naar een strandje en daarna als twee verliefde pubers weer terug naar de vakantiewoning, waar we helemaal op slag zestien werden toen we zagen hoe mijn vader en moeder op het terras bij een gezellig muggenkaarsje op ons zaten te wachten. Dat vergeet je, hoe het voelde als je als kind uit was geweest en je kwam dan, na een stiekeme sigaret en honderd kauwgompjes, weer thuis waar alles gewoon was, vrij van jongens en jointjes en brommers om te kieken. Toen rende je gewoon zo hard mogelijk naar boven om gauw je tanden te poetsen voor je een goeienachtkus kon geven, nu dronken we gezellig met zijn allen nog een wijntje om te vertellen over onze avonturen. 'En waar zijn jullie geweest?' vroegen ze. Wij deden verslag, tot mijn moeder vroeg: 'Dus jullie zijn helemaal niet meer naar Girona geweest?' Nee, dit was ook heel leuk en hier hadden we al de hele tijd zin in, legden we uit, waarop mijn moeder de historische uitspraak deed: 'O, nou ja, ook leuk. Maar ik zou toch hebben gedaan wat ík zei.'

Ik voelde wijn prikken in mijn neusgaten, zo hard moest ik lachen. Mijn moeder haakte, met een niet-begrijpende blik in. Dat is altijd zo geweest, zij móét meelachen als ik de slappe lach krijg. Zelfs als ze niet weet waarom, ze ligt helemaal in een deuk, en in dit geval gelukkig ook om zichzelf. Terwijl ik de tranen uit mijn ogen wiste gierde ik: 'Natuurlijk zou jij doen wat jij zei, want jij bént jij! Ik zou altijd doen wat ík zei!' Waarmee onze verhouding, de hele opvoeding en alle strubbelingen uit het verleden waren samengevat.

Ik heb een aardige tik van de molen meegekregen en geef dolgraag tips aan vrienden over wat ze moeten lezen, luisteren en zien, maar ik hoop me te houden aan mijn eigen regel: wat het beste is voor jou, is niet per se het beste voor iedereen.

Hoewel ik toch altijd zou doen wat ík zei.

GEZONDHEID IS VRIJHEID

Een Britse verpleegster die haar leven lang voor terminale patiënten had gezorgd besloot de lessen die ze van hen had geleerd te verzamelen. Veel ligt voor de hand, zoals bijvoorbeeld dat álle mannen die ze had verzorgd (dit gaat nog over de generatie zonder buitenshuis werkende vrouwen) op hun sterfbed zeiden: 'Was ik maar meer thuis geweest, had ik maar minder gewerkt.'

Mooi hoor, maar inmiddels zo cliché dat je puur om te fucken op je sterfbed zou willen zeggen: 'Had ik maar meer...' en dan op je laatste adem: '... op kantoor gezeten.' De stervenden trappen veel open deuren in, dat is inherent aan levenslessen, vrees ik, maar deze trof me toch: je realiseert je altijd te laat dat gezondheid vrijheid is.

Vrijheid is al zo'n abstract begrip dat we het ieder jaar op 5 mei pas begrijpen als een popster in een helikopter heel erg zijn best heeft gedaan, dus deze stelling vergt wat voorstellingsvermogen. Tijd voor een voorbeeld.

Neem mij nou. Ik had een kind gekregen en dat was niet helemaal goed gegaan. Dat kind wel, gelukkig, maar mijn binnenste niet, dus er was bindweefsel gescheurd dat bedoeld is om mijn organen op hun plek te houden. Die gingen een beetje hun eigen weg en dat deed zeer. Ik was vaak moe, niet sterk meer en moest heel erg mijn best doen om te functioneren. Nu kom ik soms weer op plekken waar ik in die periode ben geweest, theaters bijvoorbeeld waar ik toen heb opgetreden, en dan merk ik dat ik de trap naar de artiestenfoyer, waar ik me destijds aan mijn armen aan optrok, nu gewoon kwiek op kan rennen. Dan snap ik een beetje wat ze bedoelen, met dat gezondheid vrijheid is.

Natuurlijk is dat niets vergeleken bij mensen die echt beperkt zijn door een handicap, aandoening of ziekte, die weten donders goed dat gezondheid vrijheid is omdat zij dagelijks merken hoe die vrijheid wordt beperkt door een rolstoel, door pijn, of door iets gewoon niet (meer) te kunnen.

Oud-politica en -topzwemster Erica Terpstra zit net in een lastige periode wat haar gezondheid betreft wanneer we haar spreken voor dit boek. Ze werkt keihard aan haar revalidatie na een hevige infectie aan haar been als gevolg van een onbekende bacterie die ze waarschijnlijk heeft opgedaan tijdens een van haar vele reizen. Ze is een tijdje helemaal van de radar, verborgen voor de buitenwereld. Erica Terpstra, die zo heerlijk kan roepen dat je een 'Kanjer!' bent als je een gouden medaille hebt gewonnen, of een kind hebt gebaard, of een andere prestatie hebt geleverd waarmee ze je buitengewoon attent feliciteert, moet nu zelf al haar uithoudingsvermogen aanwenden om te herstellen. Geheel in lijn met haar karakter gaat het gesprek na wat geschuif tóch door. Als ik haar vertel over de filosoof Wilhelm Schmid, die de theorie heeft dat de enige troost die je uit pijn kunt halen is dat het je heel dicht bij jezelf brengt, omdat het het meest intieme contact is dat een mens met zichzelf kan hebben zegt ze: 'Nou, me neus.'

Erica! Erica Terpstra, de meest positieve persoon die ik ken, kan helemaal niks met de theorie die mij destijds hielp tijdens een lange herstelperiode na een operatie.

'Dat zegt mij helemaal niets,' zegt ze stellig. 'Het lijkt mij juist heel vervelend. Je moet gewoon zo snel mogelijk proberen om er weer van af te zijn. En dat doe ik bijna met een soort zen, zou je kunnen zeggen. Ik probeer mijn aandacht op iets heel anders te focussen dan op pijn. Dat kost veel moeite, want pijn laat zich niet snel verwijderen. Maar het helpt wel.'

Ik haalde destijds troost uit de theorie van Schmid omdat het tenminste íéts was. Geluk kun je delen, pijn heb je alleen, zegt hij. Die narigheid van het alleen hebben van die pijn probeerde ik dan maar om te buigen in iets positiefs, maar Erica doet het, natuurlijk, nog weer net iets positiever. Als ik haar vraag of ze het mentaal dan ook niet heel lastig vindt, deze periode, zegt ze: 'Nee. Ik heb niet iets van: waarom moest mij dit overkomen? Ik ben geen slachtoffer. Ik heb gewoon pure pech. Zo heb je niets en zo heb je wat. Ik kijk om me heen naar andere mensen die aan het revalideren zijn en die hebben veel ergere dingen. Bij mij gaat het hopelijk over. Ik kan ermee leven.'

Zo heb je niets en zo heb je wat. En als je wat hebt, dan kost je dat enorm veel vrijheid. Dus nu je je goed voelt, geniet ervan – bij voorkeur zonder nicotine en met matig gebruik van andere troep.

Gezondheid is vrijheid; doe er iets mee.

SHIT IS GOED

Mijn eerste verkering heeft me veel geleerd. Vooral over hoe ik het allemaal nóóit meer ging doen, in de liefde, maar er is meer blijven hangen.

Ik was toen net twintig, stuurloos verliefd en open voor alles. Er was altijd gedoe, drank en een hoop goed te maken. Ik kijk er inmiddels glimlachend en met gudiaanse mildheid op terug.

Soms ging het slecht met me. Het grote losmaakproces van thuis was nog volop aan de gang, mijn carrière bestond alleen in mijn eigen hoofd en die liefde verliep ook allesbehalve vlekkeloos. Maar altijd als ik tegen haar zei dat het slecht met me ging zei ze: 'Dan gaat het eigenlijk heel goed met je.'

Dat was natuurlijk ook maar weer iets wat zij van haar therapeut had geleerd, maar ik heb er veel aan gehad. Als je kunt zeggen dat het slecht met je gaat, ben je bézig, volgens die theorie. Ben je in beweging. Zie je wat je anders wilt. En als je daar dan ook daadwerkelijk iets aan kunt gaan doen, gaat het dus, eigenlijk, goed met je.

'Soms moet je door dingen heen,' zegt Geert Mak, schrijver van bestsellers vol historisch perspectief als *De eeuw van mijn vader* en *In Europa*. Jaren geleden zat ik ook aan deze keukentafel, maar toen voor advies van heel andere aard. Ik schreef destijds een voorstelling waarin ik een hoop beweerde over de Koude Oorlog (en onze eigen tijd de Hete Vrede doopte) en ik wilde bij Mak controleren of het vanuit historisch perspectief geen klinkklare onzin was die ik het komende theaterseizoen zou verkopen. Hij adviseerde, maar niet alleen over geschiedenis: mede dankzij de aanwezigheid van zijn vrouw Mietsie hadden we in no-time een gesprek over liefde, keuzes maken en jezelf niet voorbijlopen. Ik heb veel aan die middag gehad, zowel voor mijn werk als privé. Nu, een jaar of zeven later, zit ik weer bij Geert en Mietsie voor advies. Ze zijn even gezellig en open als toen en delen even grif levenslessen als veel te lekkere Friese koekjes.

'Het is een illusie dat je alles maar kunt kiezen,' zegt Geert als we praten over de ingewikkeldere periodes uit onze respectievelijke levens. Want ja, zoeken, twijfelen, worstelen: iedereen doet het. Zelfs die kalme, stabiel ogende Geert Mak. 'Het belangrijkste in het leven is misschien wel dat je leert met teleurstellingen om te gaan,' vindt hij. 'Daarom kunnen mensen die een beroerde jeugd hebben gehad soms heel goed terechtkomen. Omdat ze weten dat ze weer overeind kunnen komen. Dat ze hebben leren incasseren. Die illusie van eeuwige keuzevrijheid is echt iets van deze cultuur. We vragen elkaar constant: wat ga je doen? Hoe ga je je ontplooien? Alles lijkt altijd opnieuw voor je open te staan.'

In werkelijkheid is dat natuurlijk niet zo, vertelt Geert, en Mietsie knikt.

'Je moet in je leven een paar keer flink in de shit hebben gezeten. Ik weet nog dat Balkenende minister-president werd. Ik kende hem niet, maar hoe hij praatte: voor elk probleem was een oplossing! Hij was nog niet getrouwd. Hij is later ook door van alles heen gegaan, maar toen hij net begon dacht ik: volgens mij heb jij nog nooit iets meegemaakt.'

Mietsie voegt fijntjes toe: 'Hij heeft eindeloos lang een soort studentenleven geleid. Hij had nog nooit echt diep in de shit gezeten. Dat is niet goed voor een minister-president.'

Maar voor niemand eigenlijk, denk ik.

'Soms voel je wel aan een politicus dat hij of zij veel heeft meegemaakt, of niet.'

Neem Hans Wiegel.

'Ja. En Job Cohen. Die mannen, die zou je bijna terug willen. Shit is belangrijk.'

Aan welke eigen shit denkt Geert Mak dan?

'Soms denk ik: kop in de wind en doorfietsen. Van weerstand knap je vaak op. Ik heb, zoals veel anderen, veel geleerd van mijn scheiding. Maar ook op professioneel niveau, toen ik bijvoorbeeld een tijd bij de stadsredactie van de NRC werkte. Dat was vaak saai kantoorwerk, met allerlei chefs en bazen bovendien. Eigenlijk was ik toen al behoorlijk verwend, na jaren als 'vrije' weekbladjournalist bij de *Groene Amsterdammer*. En toch ben ik zeldzaam dankbaar voor het feit dat ik daar twee jaar heb gezeten. Ik heb er waanzinnig veel geleerd. Dat hoorde bij de paar keer dat jij', Geert knikt naar Mietsie, 'meemaakte dat ik echt met tegenzin naar mijn werk ging.'

Mietsie: 'Dat is me toch een tijd geweest. En jij gaat altijd fluitend. Je bent bijna ziekelijk optimistisch, zeg ik wel eens. Haha. Maar toen stond je echt niet vrolijk op.'

Maar wat voor positiefs is er dan uit die weerstand gekomen?

'Nou, ik heb goed geleerd hoe dagbladen werken. Ik heb bijvoorbeeld geleerd om beknopt te schrijven. Het simpele handwerk. Hoe je een goed bericht moet maken, hoe je heel veel zegt in weinig woorden. Het is als het werk van een horlogemaker. Als je zomaar iets opschrijft is het altijd twee keer zo lang, maar het is de kunst om dan toch exact hetzelfde te zeggen in slechts driehonderd woorden... Dat deel van het ambacht, daar heb ik zeldzaam veel plezier van gehad. Zonder die ervaring had ik nooit *In Europa* kunnen schrijven. Dan was het boek twee keer zo dik geworden.'

Wij, de honderdduizenden lezers van het 848 pagina's tellende *In Europa*, zijn óók zeldzaam dankbaar voor zijn leerzame worstelperiode bij de krant – en het uithoudingsvermogen van Geert Mak.

WEES TROUW

Boven mijn bureau hangt een A4'tje met tien levenslessen die na het overlijden van filosoof René Gude uit zijn laatste grote interview zijn gedestilleerd. Veel ervan komen terug in dit boek. Dit vind ik ook een mooie: 'Les zes: wees trouw.'

En dan, typisch Gude omdat het zo totaal niet rigide is: 'Trouw is ook weer een cultuurding waar je zelf voor kan kiezen.'

Trouw is belangrijk, maar hoe jouw trouw er dan precies uitziet moet je zelf bedenken. Dat ben ik (alweer) helemaal met Gude eens. Voor mezelf geloof ik steeds meer in volledige trouw, geestelijk en lichamelijk, maar hoe ouder ik word, hoe minder mening ik heb over buiten de pot piesen en gerommel van een ander, omdat ik heb geleerd dat je heel vaak echt te weinig weet om erover te kunnen oordelen. Zo woonde er een man in mijn oude buurt wiens vrouw een akelige spierziekte heeft. Ze kreeg steeds meer pijn en minder bewegingsvrijheid; op een dag zag ik haar voor het eerst in een rolstoel zitten. Hij duwde. Maar soms zag ik hem ook met een andere vrouw. Een jonge, sterke, beweeglijke vrouw. Ze lachten samen, en leken jonger dan anders. De buurt sprak er schande van. Hoe kan hij! Terwijl zij zo ziek is! Maar ik begrijp hem wel, denk ik. Ook in minder dramatische gevallen dan ik hier schets moet het kennelijk soms gebeuren.

Trouw in de liefde is één ding, maar ik geloof er ook heel erg in als het gaat om vriendschappen. Net als Hanneke Groenteman: 'Ja, ik ben heel trouw. Een kreeft. Ik vind dat je trouw moet zijn aan de mensen die je de rest van je leven met je mee wilt dragen. Als je mensen niet wil moet je ze vooral geen aandacht geven. Maar anders moet je ze trouw zijn, en hun slechte eigenschappen op de koop toe nemen. Dat doen ze van jou ook.'

In werk is het ook een gouden formule. Hoewel wij leven in de tijd van flexibiliteit (dat hoorde ik althans gisteravond in een tv-spotje van een uitzendbureau) geloof ik wel dat er veel moois voortkomt uit lang doorbouwen met dezelfde mensen. Goeie mensen welteverstaan, die je vrijlaten maar bij wie je altijd weer terug wilt komen. Anne-Wil Blankers vertelt over hoe dat bij haar ging, als er vreemde toneelgezelschappen aan haar trokken: 'Nou, dan kwamen er dingen op me af en dan vroeg zo'n ander gezelschap: zou je dan kunnen want dan hebben we die en die rol... Zo ging dat. Dat moest ik goed met mijn eigen club regelen, maar dan lieten ze me wel gaan, voor die periode. Dat was toen nog bij de Haagse Comedie. Ja, daar was ik wel heel trouw aan, en zij aan mij, dus we waren elkaar veel verplicht. Met liefde hoor.'

Dat is het. Elkaar veel verplicht zijn, maar: met liefde, hoor. En dat brengt ons weer terug bij René Gude, met les zeven: 'Het heeft niet zoveel zin uit pure trouwigheid je hele leven bij iemand te blijven die niet bij je past.'

Trouw slaat alleen maar ergens op mét liefde. Anders is het leeg, en moet je vooral goed nadenken over hoe trouw je nog bent aan jezelf.

WIE JE BENT IS WIE JE ALTIJD BENT GEWEEST

Als klein meisje hield ik erg van wat ik 'boekjes maken' noemde. Ik nam een opschrijfboekje en plakte er plaatjes in, maakte tekeningen, experimenteerde met Prittstift en puntenslijpsel (dat wordt gewoon heel mooi samen, echt) en schreef op wat ik allemaal meemaakte.

'We zijn vandaag naar Paleis 't Loo geweest', bijvoorbeeld, 'Het was er heel mooi want de koningin heeft daar vroeger gewoond.' Of: 'Ik heb een nieuw badpak gekregen. Het is heel tof met roze en paars en mama zegt dat het een echt wedstrijdbadpak is.' De belevenissen van een achtjarige. Veel later, als dertienjarige, chagrijnige, prehormonale puber, schreef ik cynisch commentaar in de kantlijn van mijn kleinemeisjesdagboek: 'Ja hoor', en: 'Leuk voor je.'

Weer later, toen ik zeventien was en op zoek naar lege blaadjes voor mijn weltschmerz-poëzie, werd ik boos op de dertienjarige die zo cru was tegen dat enthousiaste kleine meisje. Zo gemeen vond ik het. Als een reaguurder avant la lettre, een agressieve internettrol die zo nodig moet zeiken op iemand die gewoon gezellig iets wil vertellen. Weliswaar niet op internet – dat was nog lang niet uitgevonden – maar op mijn eigen, persoonlijke web van negentientoen naar tweeduizendzoveel.

Als dertienjarige verachtte ik het achtjarige kind dat ik was geweest, en als zeventienjarige verachtte ik de dertienjarige. Zo kan ik nog wel even doorgaan. Een leven lang, om precies te zijn. Want die gedichten waarvoor ik ruimte zocht in mijn oude dagboekjes, die dikdoenerij die ik maakte toen ik zeventien was, daar kon ik me als drieëntwintigjarige alweer danig aan ergeren, en zo blijf je aan de gang.

Maar, zoals Thé Lau het zo mooi zong in 'Rode Aarde':

Edelman of bedelman
Het zal je kind maar zijn
De sterrenhemel leert
Verschil is klein

Vergeet niet wie je bent
Is wie je altijd bent geweest

De laatste regel raakte me toen ik hem voor het eerst hoorde als een slag in het gezicht. Het was een openbaring. Al dat wegmoffelen van wat ik vroeger heb gedacht en gedaan, al dat doen alsof ik nu beter ben dan toen, het gepieker of ik ooit echt goed zal worden, het is vergeefs. Wie je bent is wie je altijd bent geweest.

Ook een opluchting.

Je bent wie je bent, en daar kom je nooit meer vanaf. Als het je lukt jezelf een beetje een aardig iemand te vinden is het heel geruststellend; de enige persoon van wie je zeker weet dat die je hele leven bij je blijft, ben jij.

En als je jezelf structureel niet mag, moet je daar misschien iets aan gaan doen.

Zoals René Gude het verwoordde in een van zijn nagelaten lessen: 'Neem steeds de tijd om terug te kijken naar wat je hebt gedaan, en doe dat met een zekere mildheid.'

Een zekere mildheid.

Die miste ik, bijvoorbeeld als het gaat over terugkijken naar het feit dat ik al eens ben getrouwd en gescheiden. (Vul hier zelf alle clichés in over falen, spijt, et cetera.)

Maar ja. Als ik alleen maar denk: ik ben gescheiden dus had ik niet moeten trouwen, dan kan ik net zo goed nu meteen in mijn kist gaan liggen. Als de nu veertigjarige alleen maar kan denken dat de dertigjarige destijds een verkeerde keuze maakte, hoe moet de vijftigjarige dan straks omgaan met de keuzes die ik nu maak? Of, minder omslachtig, mag ik nou nooit meer trouwen omdat het een keer mis is gegaan? En wat is misgaan, eigenlijk?

Enfin. Voor ik helemaal wegzweef in omdenkmindfullnessflowhappinez: wat René Gude zegt. Kijk terug met een zekere mildheid. Nu ik dat kan, nu ik kan denken: dat was toen goed, voel ik me ook stukken beter bij het heden. En durf ik misschien wel iemand ten huwelijk te vragen.

MAAK RUZIE

Van de mensen die we spraken voor dit boek waren er vier single, de andere zes hadden een relatie. Wat opviel was dat de partners vaak ergens in huis rondliepen. Ze waren in elkaars buurt. Misschien omdat ze, vanwege hun gevorderde leeftijd, weer als jonge stellen vooral met elkaar te maken hebben – en minder met kinderen, werk en andere beslommeringen. Meestal bleven de geliefden niet gedurende het hele gesprek aanwezig, maar toch kregen we, tussen gastvrij aangesleepte thee en broodjes door, een glimp van de dynamiek van de stellen. Want die was voelbaar, bij allemaal. Al zijn onze wijze mannen en vrouwen de zeventig (bijna) gepasseerd, bij iedereen hing een sfeer als bij een jonge relatie, als van mensen die nog niet zo lang bij elkaar zijn. Misschien ook wel getriggerd door twee vreemde vragenstellers die willen weten hoe het leven in elkaar steekt, zaten de respectievelijke partners op momenten geïnteresseerd mee te luisteren, stelden soms een tussenvraag en waren overduidelijk nog nieuwsgierig naar de gedachten van hun geliefde.

Het was een hoopgevend gezicht.

Verder waren ze stuk voor stuk niet te beroerd hier en daar een plaagstootje uit te delen, of overduidelijk van mening te verschillen met hun partners.

Natuurlijk, een paar Nederlandse stellen van boven de zeventig bezoeken en observeren is niet bepaald een representatieve steekproef, maar ik denk toch dat het een goed voorteken is voor een gelukkig leven samen: dat je nieuwsgierig bent naar elkaar – en het leuk vindt de ander uit te dagen.

Je eigen ding doen, je eigen leven houden, dat was belangrijk, vonden ze. En af en toe flink ruziemaken hoorde daar nou eenmaal bij. Je moest er in elk geval niet te bang voor zijn.

Willeke Alberti: 'Ik kan heel goed boos worden, maar ik kan dat pas sinds een jaar of... achttien. Daarvoor had ik nooit ruzie. Niet met Joop, niet met John, niet met Søren. Ik ben er nu van overtuigd dat het eigenlijk niet goed is als je nooit ruzie hebt gehad met je partner. Kom voor je eigen mening uit, zeg af en toe: hou eens op met die komedie. Of: hou je kop. Je hoeft niet grof te doen, maar je moet wel duidelijk zijn. Je moet in ieder geval niet alles met de mantel der liefde bedekken. Dan denk je goed te doen, maar uiteindelijk heeft je partner daar ook niets aan: het is gewoonweg niet mogelijk om altijd aardig en begripvol te zijn. Je moet goed naar jezelf luisteren, oprecht zijn en met elkaar blijven communiceren.'

Anne-Wil Blankers is ook niet bang voor ruzie. Na ruim een halve eeuw huwelijk geeft ze, schoorvoetend, iets van het geheim prijs: 'Blijven lachen, een beetje. Blijven praten. Hebben wij ook nog wel te weinig gedaan hoor, moet ik zeggen. Ik kon gerust veertien dagen zwijgen. Nu niet meer. Ik deed het uit koppigheid. Ik dacht: jij bent fout, jij moet beginnen. Ik riep dan wel 'negen uur thuis', maar soms viel dat niet eens op, er was hier altijd zoveel bedrijvigheid. Ach, zwijgen is niet goed. Je kunt beter gewoon ruziemaken.'

Hedy d'Ancona zegt het ook: ruziemaken hoort bij de liefde. Zij kan het weten, vermoed ik. Ze heeft een glansrijke carrière achter zich waarin ze alles was van wetenschapper tot cabaretier tot minister van Welzijn, Volksgezondheid en Cultuur. Bij ons thuis werd ze steevast 'een charmante vrouw' genoemd (net als Anne-Wil Blankers trouwens) en dat zij met Ed van Thijn was vroeger, en met Berend Boudewijn, ik hoor het mijn moeder nog met tantes bespreken. Namen van mensen die je niet kende als kind, maar het klonk allemaal als een begeerlijk, bruisend bestaan. Nu is Hedy al weer jaren samen met kunstenaar Aat Veldhoen. Ze wonen niet samen, maar zijn het wel vaak. 'Het is niet erg om eventjes te schuren,' vertelt Hedy. 'Nu ik ouder ben, ben ik verlost van het idee dat ik een ander kan veranderen. Vroeger had ik die hoop nog wel en kon ik daar over vechten, tegenwoordig accepteer ik dat ik die invloed niet heb. Aat accepteert mij ook makkelijker, denk ik. Natuurlijk word ik nog wel driftig als hij voor de zoveelste keer een pinpas, de sleutel, een hele portemonnee of alles kwijt is. Hij is altijd alles kwijt. Dan ontsteek ik in lichte woede, maar dan denk ik meteen ook: het is altijd zo geweest, je deed dit al voordat je mij had.'

Hanneke Groenteman vertelt over een man die recentelijk avances maakte, maar over wie ze na het tweede etentje dacht: dit gaat hem niet worden. 'En dat moet ik dan maar zeggen ook.

Vroeger zou ik in relatieachtige dingen weer veel te ver gaan, uit lafheid, pleaserigheid, om de ander niet te kwetsen. Het is vooral lafheid, denk ik. Lekker de confrontatie vermijden.'

Dat werkt vaker zo, denk ik, dat je in je pogingen om iemand niet te kwetsen eigenlijk meer schade aanricht dan met eerlijk zijn. Je helpt er niemand mee. In mijn vorige relatie maakte ik weinig ruzie. Terugkijkend denken mijn ex en ik allebei dat we bang waren voor wat we aan het licht zouden brengen als we ons wel helemaal hadden uitgesproken. Als je geen ruzie maakt, houd je ook iets voor elkaar verborgen. Iets van die onvrede.

'Ik heb gemerkt,' zegt Hanneke, 'dat ik er uiteindelijk nogal beestachtig van word. Het gaat onderhuids zitten. Het lijkt wel of er mos uit mijn poriën komt als ik iets tegen mijn zin in doe. Ik ben dan niet meer vrij en hartelijk. Als ik was doorgegaan met die man die laatst avances maakte, dan zou het steeds erger zijn geworden. Dan word ik verongelijkt, onaangenaam, ga ik ruzie zoeken, chagrijnen. Zo'n relatie heb ik gehad hoor, duurde een jaar. Het was best gezellig, al waren er al vroeg haarscheurtjes opgetreden. Hij praatte te plat. Toen heb ik gemerkt dat ik beter – dat is wel het allersoftste gezeur – dichter bij mijn gevoel moest blijven.'

Kortom, als je een eerlijke relatie wilt die lang leuk blijft, maak ruzie. Neem jezelf serieus en wees niet bang om te zeggen wat je denkt. Als hij of zij echt bij je past, kunnen jullie het hebben. En als dat niet zo is, dan moet je daar misschien onderhand maar eens gewoon achter komen.

WORD DE BESTE PUTJESSCHEPPER VAN DE WERELD

Ik ben dol op verhalen die beginnen met 'mijn vader zei altijd'. De verteller krijgt gedurende het verhaal altijd wel een keer vochtige ogen en er komt gegarandeerd een levensles in voor.

Dit is de mijne. Of één ervan dan, want mijn vader heeft er meer die dit boek gehaald hebben. Maar deze is zo lekker klassiek, met een raar archaïsch woord: putjesschepper. Als kind fascineerde die term me enorm. Wat is nou weer een putjesschepper?

Wikipedia leert: putjesschepper was in vroeger tijden de naam voor degene die de beerputten leegschepte. En een beerput, jonge lezer, bevat geen beren, maar poep. Mensenpoep, van vóór we in Nederland hadden bedacht dat riolering misschien toch wel een fijne uitvinding was, van de oude Romeinen. Na de jaren dertig kwam de gemechaniseerde putzuigmachine in zwang (bent u daar nog?) en werd de traditionele putjesschepper overbodig. Bronnen uit de periode dat mijn vader geboren werd melden dan ook al dat 'een putjesschepper in den jongsten tijd vaak genoemd wordt als voorbeeld van een persoon met een zeer onaanzienlijk beroep en van zeer geringe ontwikkeling'. Wat rondsurfen op het hedendaagse wereldwijde web leert dat schoolmeesters destijds luie leerlingen ook dreigden: als je nu niet wat harder je best gaat doen word je later putjesschepper.

Kortom: putjesschepper, dat moest je niet willen worden, in mijn vaders jeugd.

Wat je wél moest worden, daarover kon hij toen hij jong was een stuk minder vrij denken dan ik. Mijn moeder overigens ook. Huisvrouw zou het moeten worden voor haar, en hij, als hij heel erg zijn best deed, kon hij misschien wel iets op een kantoor. Dat zou wat zijn.

Mijn grootouders, zowel van vaders- als van moederskant, waren geen putjesscheppers, maar ook bepaald geen oude adel. Een arbeidersmilieu, zoals dat zo fraai heet. De universiteit, dat was voor andere mensen. Mijn ouders hebben zich, ondanks die achtergrond, beiden nogal spectaculair ontwikkeld, mooie carrières gemaakt en hun kinderen opgevoed met het idee dat die álles zouden kunnen worden wat ze maar wilden. Alles, advocaat of cabaretier, maar met machinist of visboer was ook niks mis: onze grootouders werden niet verloochend. Maar, en daar komt-ie, zei mijn vader altijd: 'Al word je putjesschepper, dan word je wel de béste putjesschepper van de wereld.'

En, sprak zij met inmiddels vochtige ogen, dat was een wijze les. Ten eerste omdat er uit spreekt dat er geen status te ontlenen is aan wát je doet, of hoe goed betaald of maatschappelijk gewaardeerd dat wordt, maar dat je alleen trots kunt ontlenen aan hóé je je werk doet. Op je aller-, allerbest. En ten tweede (nu zou ik, als ik er ook nog een wijntje bij nam, een zakdoekje moeten pakken) omdat er een grenzeloos vertrouwen in de capaciteiten van je kinderen uit spreekt. Jij kunt de béste zijn. Zo bijzonder ben jij. In wat je ook doet, jij kunt er de beste in zijn. (Disclaimer: dit kan een wat verstikkende bijwerking hebben, ga er goed mee om.) Ik dacht altijd dat alle ouders zo waren, maar inmiddels weet ik dat heel veel mensen zijn opgevoed met een ondertoon van 'dat kunnen wij toch nooit', vaak vanuit onzekerheid van de ouders zelf, waardoor je als kind toch zomaar dik in de veertig kunt zijn voor je eens een keer durft te doen wat écht bij je past.

Ik ben vrij onzeker van aard, maar dat fundamentele idee van kunnen doen wat je wilt als je het écht wilt, dat zit er goed in. Die blinde overtuiging: als ik wil, zou ik weleens de beste putjesschepper van de wereld kunnen worden.

GA GOED UIT ELKAAR – VOORAL VOOR DE KINDEREN

Nog altijd kun je mij midden in de nacht wakker maken en de tune van *In de hoofdrol* laten zingen, zo fantastisch vond ik dat programma. Prominente Nederlanders werden door Mies Bouwman overvallen en meegenomen naar een studio vol familie, vrienden en bekenden. Soms was er eén verrassing, een stem die door een krakende telefoonlijn zei: 'Ken je me nog?' en dan kwam de oude tante Trees uit Canada door de schuifdeur – op die mooie tune waar je mij dus 's nachts voor kunt wakker maken.

Paul van Vliet zat ook een keer *In de hoofdrol*. Naast hem zijn geliefde, Lidewij, familie, vrienden. En op het grote beeldscherm (een noviteit!) een boodschap van iemand die er niet bij was die avond, maar die toch even iets liefs wilde zeggen. Dat was Liselore Gerritsen, de ex-vrouw van Paul. Ze vertelde iets moois en Paul glimlachte warm. Wij vielen van de bank van bewondering. Tot dan toe was het fenomeen echtscheiding iets wat wij alleen kenden van ome Harry en tante Ria. Zij waren gescheiden, en daarom had mijn oma ome Harry van alle familiefoto's geknipt. In een poging tot prehistorisch fotoshoppen haalde ze het groen van de bomen uit andere foto's en plakte dat in het rondje waar het hoofd van haar ex-schoonzoon had gestaan. Dat was scheiden, dacht ik. Doen alsof die ander niet meer bestaat, en liever ook: nooit bestaan heeft. Maar dit! Een videoboodschap van je ex terwijl je naast je nieuwe liefde zit. Dit was nog eens avant-gardistisch uit elkaar gaan.

Een jaar of dertig later zitten diezelfde Paul en Lidewij nog altijd samen aan de keukentafel. Wij krijgen thee, taart en een inkijkje in toen: 'God ja. Dat was de tijd dat we nog probeerden met z'n állen kerst te vieren,' zegt Paul. 'En toen moest ik van jou naar boven om de kinderen een kerstverhaal voor te lezen.'

'Ja, ik dacht, dat kan jij zo mooi.'

'Had ik hélémáál geen zin in. En de kinderen zaten er ook niet op te wachten.' Lidewij lacht, achteraf: 'Ach ja. Ik was in die tijd zo druk met alles goed te doen voor de kinderen, dat ik soms de kinderen bijna vergat.'

Uit elkaar gaan, het is niet eenvoudig. Paul van Vliet heeft geen idee hoe je het het beste kunt doen. 'Je probeert wat, je loopt tegen muren op en soms is er ineens ruimte waar je het niet verwachtte. Het is bij een scheiding erg persoonsgebonden hoe je dat oplost. Je kunt er wel een boek over schrijven met algemene richtlijnen, van doe niet te veel je best, behoed de kinderen voor kwaadsprekerij... Maar het is toch vooral heel erg afhankelijk van je eigen karakter en het karakter van de anderen.'

Pijn doet het in ieder geval wel. En het is een pijn die blijft. Erica Terpstra zegt het. 'Kijk, wij waren zo uit elkaar gegroeid dat we met elkaar overeenkwamen dat we te vér uit elkaar waren gegroeid. Toch blijf je natuurlijk de pijn houden en het gevoel van: verdomme, het is niet gelukt. Het gemis blijft. Ik vond het echt een amputatie.'

Herman van Veen zegt het ook. 'Een scheiding gaat niet over, nooit. De pijn blijft. Je leert ermee omgaan, maar je zult altijd weer worden getroffen door onverwacht diepe scheuten verdriet. Ik had het graag voorkomen. Maar ik kende mezelf toen nog niet.'

Goed, iedereen is anders en het doet pijn, maar wat alle gescheiden ouders die we spreken gemeen hebben, is dat ze het zo goed mogelijk proberen te regelen voor de kinderen.

Erica Terpstra was vroeger bij ons thuis een lichtend voorbeeld van hoe je dat hoorde te doen. Áls je dan ging scheiden, vonden mijn ouders, dan loste je het op zoals zij dat had gedaan. Ik spreek Erica erover, ruim dertig jaar na dato, inmiddels moeder van hele grote jongens die zich misschien wel meer zorgen maken over haar dan andersom: 'We hadden destijds twee huizen naast elkaar gekocht, onder één dak. En woonden dus naast elkaar en hadden boven op zolder de zolderkamer opengemaakt. Dus de jongens konden van binnenuit naar elkaar en naar ons toe. Dat was prima.'

Een tikkeltje benauwend misschien ook wel?

'Nee. We gingen niet voor het raam zitten kijken wie er bij de ander binnenkwam. Dat scheelde enorm. We hebben er goede afspraken over gemaakt. Net als dat we elkaar niet de grond in zouden trappen. Het ging niet langer, maar we konden ook nog tegen elkaar zeggen dat we elkaar wel tof vonden. Ik denk dat dat gewoon moet, ondanks alle pijn. Je móét positief blijven, vooral voor de kinderen.'

Maar zit dat positieve niet sowieso in Erica's karakter en is het dus onbereikbaar voor ons gewone, dolende zielen?

'Ik moet er ook voor vechten! Natuurlijk. Het is een mentaliteit van niet de makkelijkste weg nemen. Het is het eenvoudigste om de ander de schuld te geven. Om te zeggen: hoepel op. En je daar vervolgens in te wentelen.'

Living apart together. Voor de kinderen. Samen onder één dak, toch uit elkaar. Zo doen verstandige mensen dat, toch, Geert Mak?

'Dat bedenken veel mensen, ja. Maar dat is echt een slecht idee.'

Huh? Nu ben ik verbaasd. Hij is zelf ook een keer gescheiden tenslotte.

'Ja, daarom weet ik dat dat een slecht idee is,' vertelt hij. 'We hebben toen nog even in hetzelfde huis gewoond. Je hebt wel de eenzaamheid maar niet de vrijheid.'

Maar ja. Toch heb ik me vlak na mijn scheiding schuldig gevoeld dat ik het niet op de Erica Terpstra-manier had gedaan. Samen onder één dak, kind op de plek waar het zich al thuis voelde, al het aanpassingsvermogen moet van de volwassenen komen. Wel zo fair, dacht ik, met zware schouders van schuldgevoel.

'Die kinderen, dat is haast een verhaal apart, dat is de achilleshiel van iedere vrouw,' beaamt Hedy d'Ancona. 'Schuld, boete, angst. Daar ben je zeer kwetsbaar in. Toen ik ging scheiden vond ik het wel een beetje lullig voor de kinderen, maar je eigen noodzaak om de situatie te veranderen is zo groot. Je poetst het weg. Dan spelen die kinderen eerlijk gezegd geen rol, terwijl je er normaal gesproken zo ontzettend je best voor doet. Maar ik moet ook zeggen, de kinderen zeiden niet later tegen me dat ze het vertrek van die vader zo ontzettend erg vonden. Het is gewoon belangrijk dat je je best doet, dat er een relatie met de vader blijft bestaan en dat er wordt gebeld met vakanties en zo. Desalniettemin geloof ik wel dat het een ernstige shock voor de kinderen is. Ook omdat ze vaak een ander iemand, een nieuwe partner, moeten accepteren.'

Weet Hedy d'Ancona dan hoe je dat goed doet, scheiden? Nee. Maar ze heeft wel iets te zeggen. 'Je moet alles proberen zo normaal mogelijk te houden. Je hoort zulke achterlijke scheidingsverhalen waarbij om iedere grammofoonplaat wordt gevochten. En waar kinderen met boodschappen worden gestuurd. Daar moet je je kinderen niet mee opzadelen. Alles wat je maar kunt doen om het goed te houden moet je doen. Dus met verjaardagen de hele boel bij elkaar en zo.'

En hoe doe je dat, zonder elkaar de hersens in te slaan of pijnlijk te negeren? Door, zoals Nico ter Linden dat noemt, 'uit het schema van goed en kwaad te komen'. 'Je moet uit het schema van verwijten komen, je moet vrede sluiten. Waarom? Dat is ook gewoon heel praktisch: een andere optie is niet werkbaar.'

Gouden tips om dat te proberen zijn, wat mij betreft:

1) Ga op tijd uit elkaar

Dat is: sowieso te laat, want je bent hopelijk toegewijd genoeg geweest aan de relatie om eerst nog lange tijd te proberen er wat van te maken. Maar ook weer niet zó te laat dat je de ene kerst na de andere, de ene zomervakantie na de andere, elkaar negeert of kleineert omdat je anders de tijd samen niet doorkomt. Dat moet je jezelf niet toestaan. Ga weg voor je een vreselijk iemand wordt.

2) Ga uit elkaar met (zo veel mogelijk) hetzelfde beeld van de relatie

Dat is moeilijk, want daar is het juist misgegaan. Maar je moet proberen eenzelfde beeld van het verleden en de toekomst te krijgen, met alle verschillen van dien. Als je het eens kunt zijn over wat je in de toekomst nog wel en niet van elkaar verwacht, scheelt je dat allebei veel gedoe. En als je dan ook nog terug kunt kijken op de relatie met een vergelijkbaar idee van waarom het aanging en waarom het uitging, kun je nog jaren met elkaar door, zonder al te gefrustreerd te raken.

3) Ga in (post-)relatietherapie

Als je het niet zelf kunt (en die kans is groot), praat dan over jullie relatie met een professional erbij. Zelfs als je uit elkaar gaat, ja zelfs als je al uit elkaar bént, helpt dat je enorm in de rest van je leven. Doe het, ook al wil je nu liever niet met elkaar in één ruimte zijn. Het scheelt ellende later, omdat je al die repeterende ruzies niet meer hoeft te maken; als je dat een keer bij een goede therapeut hebt gedaan, ben je er allebei vanaf. Het is een kwestie van respect. Voor jezelf en voor de tijd die je met elkaar hebt doorgebracht. Je kunt nu wel denken: ik was echt niet wijs dat ik ooit voor jou koos, maar vergeet niet: wie je bent is wie je altijd bent geweest. Dus ga het aan. Dan hoef je het niet nog eens mee te maken.

4) Bedenk: ik hoef er niet meer mee naar bed

Zelfs als je echt een goede, bijna vriendschappelijke verstandhouding hebt met je ex, zul je af en toe toch goed botsen. Je hebt zo lang in een intieme relatie gezeten met iemand dat je snel te ver gaat in wat je je kunt permitteren te vinden én te zeggen. En dat doet die ander ook. De ultieme misvatting is dat je daar allemaal uit moet zien te komen. Dat je alles tot op de komma met elkaar moet kunnen bespreken. Want met elkaar communiceren, dat was de laatste jaren van de relatie natuurlijk niet jullie sterkste kant. Dus laat het los. Belangrijke dingen bespreek je, voor de rest denk je: ik hoef er niet meer mee naar bed. Dat betekent dat je ook niet meer eindeloos hoeft te praten over wat er aan die ander mankeert – al zeker nooit waar de kinderen bij zijn. Maar misschien wel helemaal niet; je bent al weg, hoeveel duidelijker wil je maken dat het je type niet (meer) is?

5) Het gaat om de kinderen

Het gaat niet om jou. Je gaat met elkaar om vanwege je kinderen, niet vanwege jezelf. Als je veel geluk hebt kun je nog een beetje met elkaar lachen af en toe en heb je iets aan elkaars liefde voor jullie gemeenschappelijke kind. Als je een heel mindfulle bui hebt kun je er zelfs nog de schoonheid van inzien dat je deze verstandhouding uit je verleden goed moet zien te houden, want karma blabla. Maar het enige echte belang dat je dient, is dat van de kinderen. Dus regel het netjes, ook financieel – vanwege de kinderen. Als jij de rijke bent, steun de ander, in elk geval de eerste tijd. Als jij niet de rijke bent, zorg dat je op de juiste gronden financieel verbonden blijft – niet uit eigenbelang, luiheid of wraakzucht. Wees trots. Zorg zo snel mogelijk weer gewoon voor jezelf.

Blijf bedenken: alles voor het kind. Dus niet zemelen over dat jíj die leuke schoenen hebt gekocht en dat ze dan ook altijd in jóúw huis moeten liggen – ze zijn van het kind. Speelgoed, kleding, boeken: je zoon of dochter bepaalt in welk van de twee huizen het ligt. Jij hebt namelijk gekozen voor deze constructie, de kinderen niet. Zij verdienen zo veel mogelijk één wereld, zelfs al is die dan in twee huizen.

OPVOEDEN ÍS GEWOON HEEL MOEILIJK

Eigenlijk zou je als ouder gewoon eerst een oefenkind moeten kunnen krijgen. Want nu, nu de onze al zo'n beetje hun eigen billen kunnen afvegen, weet ik heel goed wat ik anders had moeten doen toen ze baby, dreumes, peuter en kleuter waren.

Maar ja. Al die fouten kun je dus alleen maar maken in het echt.

Bizar. Voor alles word je opgeleid, maar het enige écht belangrijke dat je in je leven moet doen, namelijk iemands vader of moeder zijn, dat moet je maar een beetje improviseren.

En de grootste ellende ervan is dat je jezelf er ook zo verschrikkelijk bij tegenkomt. Je hoort jezelf de dingen zeggen die je zo irritant vond van je eigen moeder, ziet jezelf de dingen doen die je zo stom vond van je eigen vader – én je merkt bij je kind dezelfde wonderlijke karaktertrekjes op die je bij jezelf al een heel leven probeert te ontkennen.

Dan zwijg ik nog maar over het schuldgevoel, het alles verterende schuldgevoel dat tegelijk met de nageboorte het daglicht ziet maar helaas niet in de tuin begraven of door Rob de Nijs opgegeten wordt. (Ja, die at de nageboorte op, stond destijds in de bladen. Dingen die je niet had willen weten). Altijd ben ik bang dat ik het niet goed doe, niet goed genoeg. Dat ik de kinderen van alles aandoe, alleen al door wie ik ben en door hoe ik mijn leven inricht.

Ik besluit raad te vragen aan Willeke Alberti. Moeder van drie kinderen, met alle drie een andere vader dus andere gezinsconstellatie. Ik vertel haar: soms, met die kinderen, ben ik zo onzeker. Ik ben zo bang dat ik het allemaal niet goed doe, roept ze uit: 'Je doet het nóóit goed! Je doet het gewoon NOOIT goed.'

Fijn. Dat is alvast een hele opluchting.

'Het enige wat je kan doen,' zegt Willeke, 'is er zijn. Als ze klein zijn moet je er natuurlijk helemaal zijn. En als ze volwassen zijn is het allerbelangrijkste dat ze weten dat je van ze houdt. Onvoorwaardelijk. Ga niet zeggen wat ze moeten doen of hoe ze het moeten doen, want dat willen ze niet. Dat is heel moeilijk. Ontzettend moeilijk. Maar ik leer het wel. Nu stuur ik soms een sms'je dat ik van ze hou, of iets leuks, of iets geks. Heb ik vandaag al gezegd dat ik van je hou? Dat is een liedje en dat vindt Johnny weer leuk. Maar ik ga niet meer elke dag bellen of zeggen: wil je even bellen als je thuiskomt of zo, want dat willen ze helemaal niet. Maar als jíj het niet doet, dan zeggen ze: je hebt helemaal niet gebeld!'

Het is net een gewone relatie. Dat geldt wel voor meer aspecten van het ouderschap. Net als in een relatie heb je periodes waarin je heel veel lol met elkaar hebt en elkaar als vanzelfsprekend heel goed begrijpt, en je hebt ook periodes waarin je elkaar achter het behang kunt plakken. Wat gek is, want er is niemand op de wereld van wie je zoveel houdt als van je kinderen, maar ondanks dat (of waarschijnlijk juist: daardoor) is er ook niemand met wie je zo kunt botsen. Of zij met jou eigenlijk, en dat is dus ook je taak als ouder. Vroeger heb ik eens bedacht dat ouders zijn als een startblok aan de rand van het zwembad. Dat moet stevig zijn, en je moet je er flink tegen af kunnen zetten als kind.

En dan krijg je dat, dat ze zich tegen je gaan afzetten – want dat moet. En dan moet je ze loslaten. Terwijl ik dus al sinds hun geboorte non-stop bezig ben met hechten. Hanneke Groenteman, hoe moet dat nou?

'Ach,' zegt Hanneke, 'het begint al veel eerder. Op de crèche zie je al dat ze een heel eigen leven leiden. Hij zit dan al niet meer aan je vast. Hij heeft vriendjes, hij praat met de meester. En straks vind je het heerlijk als je zoon vriendjes krijgt en later vriendinnetjes. Je groeit erin mee. Ze groeien van je af. Het voelt fijn als je kind straks een maatschappelijke functie vervult. En ja, het is ongezellig als hij dan het huis uit gaat. Maar het is net als bij water in een kuil: het vult zich wel weer. Op een gegeven moment komt daar weer zand in en dan is het een plek voor een nieuw soort contact. Loslaten is erg, maar wel te doen.'

Toen ik eens tegen nota bene mijn eigen moeder leegliep over mijn twijfels als ouder zei ze: 'Ja maar Clau, opvoeden ís gewoon heel moeilijk.'

Kijk, en dan had zij nog gewoon mijn broer en mij. En zíj vond het al!

Het luchtte me erg op dat ze het zei. Want, serieus, ik mag zorgen voor de leukste, liefste, grappigste en slimste kinderen van de wereld. En dan nog, dan nóg voel ik soms: opvoeden is gewoon heel moeilijk. Dus mocht jij dat nog niet van jezelf toe mogen geven, neem het dan van mij aan.

En anders van mijn moeder.

EERT UW VADER EN UW MOEDER, OFWEL: JE OUDERS ZIJN EEN GEGEVEN

We zitten nog helemaal niet zo lang te praten over de hamvraag: 'Kun je het leven beter of slechter doen' als Nico ter Linden, dominee van beroep, Exodus 20:12 citeert. 'Eert uw vader en uw moeder.' Een Bijbelcitaat dat je vooral niet verkeerd moet begrijpen, zegt Nico: 'Veel problemen in je latere leven komen door het niet in het reine zijn met je ouders. Een van mijn leermeesters, professor Berger, zei: het is mooi als je je vader en moeder kunt zien als de ouders je van God gegeven. Van mij mag je God ook weglaten, al doe ik dat liever niet. Maar dit is geen wijsheid die alleen voor gelovigen is bedoeld. Voor iedereen geldt: dus dit is mijn vader, dit is mijn moeder. Daar heb ik mee te dealen. Daar heb ik mee in het reine te komen. Ze zijn een gegeven. Niet "ze zijn me door God gegeven", dat bedoel ik niet, maar: dit tref ik aan. Als een werkgegeven. Ik heb mijn vader en moeder niet uitgezocht. En daar kun je dus een brede range aan positieve en negatieve gevoelens aan koppelen.'

Ik luister naar Ter Linden, eet mijn sandwich en moet denken aan wat Herman van Veen me vertelde: 'Het is een misvatting dat ouders onvoorwaardelijk van hun kinderen houden. Het is andersom. Kinderen krijgen hun ouders, onvoorwaardelijk. Bij ouders is het ooit een wens, wil, misverstand geweest. Kinderen hadden nooit de keuze, die hadden hun ouders. Wat of hoe dan ook, hoe mooi of miserabel: het blijft zijn vader, het is altijd haar moeder. Daar verandert niets aan.'

Na jaren van weerbarstigheid ging ik toch maar in therapie. In een van de sessies, ik weet niet eens meer wat de aanleiding was, of het over mijn ouders ging of juist over mijn eigen onzekerheid of ik wel een goede moeder ben, legde mijn onvolprezen psycholoog me iets waardevols uit. Hij zei: het is een vergissing aan te nemen dat je het ideale kind voor je ouders bent. Of dat jij de ideale ouder bent voor je kind. Als je kunt inzien dat we daar geen invloed op hebben, is het ineens toch een wonder dat het zo vaak goed gaat.

Dat is voor de een makkelijker om te zeggen dan voor de ander. Soms kun je met je broers of zussen dramatisch van mening verschillen over wat jullie ouders goed of slecht hebben gedaan. Ze deden hetzelfde, maar jullie zijn anders, je plek in het gezin was anders, je bént gewoon anders. En daarom kun je er ook zo weinig van vinden als mensen mopperen over hun ouders. Al beaam ik toch graag wat Arnon Grunberg na de dood van zijn moeder zei in een interview met *de Volkskrant*: 'Ik begrijp niets van mensen die op hun veertigste hun ouders nog overal de schuld van geven. Het lijkt me gezond dat op een bepaalde leeftijd achter je te laten en zelf verantwoordelijkheid te nemen voor je leven. Tussen mij en mijn moeder waren de laatste jaren alle problemen opgelost. Niet dat er geen enkele spanning meer was, maar ik had het idee dat mijn moeder mij helemaal accepteerde. Op een gegeven moment moet je je neerleggen bij het feit dat je mensen niet kunt veranderen. Niet in liefdesrelaties, maar zeker niet in ouder-kindrelaties. Als kind kun je je ouders niet kneden.'

Zo is het, Arnon. Toch loont het wel om het te proberen, met die ouders. Niet om ze te kneden (dat is bij jou tenslotte ook niet gelukt) maar om ze af en toe uit te leggen wie jij bent en wat je denkt. We zijn geneigd de mensen die ons het meest nabij staan het minst te vertellen over wat we echt denken en voelen, terwijl de gemiddelde taxichauffeur vaak de uitgebreide versie in alle eerlijkheid te horen krijgt. En als je ouders niet meer in leven zijn, praat, schrijf, ga in therapie als je nog steeds geen vrede hebt met wie je vader en je moeder waren. Zoals Nico ter Linden zegt: 'Dat "eert uw vader en uw moeder" is niet voor ondeugende kinderen. Het is een vermaning aan volwassenen. En het doet er niet eens toe of die vader en die moeder nog leven, want vaders en moeders gaan niet dood, welbeschouwd.'

Dat laatste is verontrustend en geruststellend tegelijk. Ze gaan wel degelijk dood, helaas, maar ze blijven ook altijd leven. Zelfs als jij je opa's en oma's nooit gekend hebt, kon je aan hoe je vader of moeder over ze sprak zien hoe aanwezig die mensen nog waren in hun beleving. Vaders en moeders gaan niet dood, ze blijven altijd leven in de wereld van hun kinderen.

Wat misschien helpt als je geen vrede kunt hebben met wie je ouders waren, is te kunnen kijken naar waar zíj vandaan kwamen. Wie hún ouders waren, hoe zij hebben geprobeerd het goed te doen met jou, en je eventuele broers of zussen. Het blijft een wonderlijk ding. Ik heb vrienden met ouders op wie iedereen dol is, die goede wijn schenken en leuke vragen stellen maar over wie hun kinderen nog steeds dagelijks gefrustreerd zijn. En ik heb andere vrienden over wier verleden ik meer weet dan hun ouders denken, die narigheid hebben meegemaakt in hun jeugd waar de honden geen brood van lusten en die volstrekt oké met zichzelf op Moeder- of Vaderdag even langsfietsen. Zonder wrok, zonder gedoe.

Zoals Nico ter Linden zegt: 'Je hoeft je ouders niet als geschenk te zien. Uit alle gesprekken die ik als dominee heb gevoerd weet ik dat mensen in hun laatste levensfase nog het meest zitten met hun relatie met hun ouders. Hoe oud mensen ook zijn, nagenoeg iedereen is zeer emotioneel als het over zijn vader en moeder gaat. Het is niet anders: ik ben een uit stervelingen geboren sterveling en soms is dat verrukkelijk en soms is dat verschrikkelijk. Je kunt je daar niet aan onttrekken. Je ouders worden, godbetert, nooit je ex-ouders. Je moet ze de plek geven die hun toekomt. Ze begraven werkt niet, want wie niet goed begraven is gaat spoken, leren ons de indianen – en de ervaring.'

HET IS GEEN WEDSTRIJD

Ze gingen een maand niet drinken, onze vrienden. Twee leuke mannen die net als wij afwisselend mateloos en dan weer streng in de leer als het om hun dieet gaat. Een maand niet drinken leek ze heel verstandig, en het was nog trendy ook. Uit eten kon best, want eten moet je toch, en zonder drank hebben wij het toch ook hartstikke gezellig?

Ik had een iets te goed restaurant geboekt. Zo'n restaurant waar ze per gang precies weten welke wijn dat gerecht nog *superber* laat smaken dan het al doet. Nadat we bij het aperitief (Spa blauw) volop de zegeningen van een alcoholloos bestaan hadden bezongen, kwam de ober onze bestelling opnemen. 'Voor mij dan de coquilles...' zei mijn vriend, 'en dan daarna...'

'Mag ik u daarbij onze Chateau Grande Tirelire aanbevelen?' begon de ober, om daarna zo'n onweerstaanbaar verhaal af te steken over kasteeltjes in de Loire en een oude wijnboer die dit helemaal biologisch in zijn eentje zit te karnen en dat er dan een beetje een ziltje in de afdronk zit omdat hij daar tóch mediterrane zandgrond aan de wijngaard heeft toegevoegd, dat raaskalde maar door, tot onze alcoholvrije vriend zei: 'Lekker, doe die maar.'

En toen zijn man hem stomverbaasd aankeek: 'Het is geen wedstrijd.'

Kijk. *That's the spirit.* Discipline is mooi, hoor, en ik zou er graag meer van hebben, maar de manische manier waarop sommige mensen in mijn omgeving omgaan met voeding en beweging doet af en toe wel heel erg denken aan fundamentalisme. In plaats van de kerk hebben we de sportschool, met bijbehorend schuldgevoel als je er niet vaak genoeg komt. Rens Kroes is Maria, het Zandloperboek de Bijbel en suiker de duivel. Net als van alle geïnstitutionaliseerde overtuigingen word ik er dwars van. Gezond leven is geweldig, ik doe mee, maar het is geen wedstrijd.

'Hoeft niet, mag!' roepen onze kinderen vaak, ook als het mij niet uitkomt, maar mijn geliefde zegt dat ze dat van mij hebben. Er moeten al zoveel dingen, van de rest wil ik kunnen denken: hoeft niet. Mag.

Groente en fruit? Moet.

Superfoods? Hoeft niet. Mag.

Op de fiets naar school? Moet.

Elke dag naar de sportschool? Hoeft niet. Mag.

Hanneke Groenteman kan er wel wat mee. Ze vertelt: 'Mijn vriendin met wie ik altijd op reis ging, voelt zich te oud voor onze stedentripjes. Haar leeftijd, 86, gaat haar parten spelen. En ik zou niet weten met wie ik dan wel op vakantie wil. Iedereen zegt dat ik lekker alleen op reis moet gaan, maar ik heb dat nooit gedaan. Ik kan het niet. Ik zou suïcidaal worden, ben ik bang. Je moet echt alles alleen doen! Nu denk ik: nou ja, die paar jaar dat ik nog te leven heb, dan ga ik toch lekker niet alleen op reis. Je hoeft niet alles te kunnen.'

Heerlijk. Zo werk ik momenteel aan een alternatief voor de beroemde bucketlist, die lijst van dingen die je gedaan zou moeten hebben voor je dood. Ik maak een fuck-it-list. Een lijst van dingen die ik van mijzelf lekker niet hoef te doen voor mijn dood. Bungeejumpen? Op de fuck-it-list. Alle plekken bezoeken die je volgens Floortje Dessing gezien zou moeten hebben? Idem dito. Vloeiend Spaans, Italiaans en Esperanto leren spreken? Ach.

Je hoeft niet alles te kunnen in het leven. Het is geen wedstrijd.

HET EERSTE JAAR VAN ROUW MOET JE NIETS VAN JEZELF VERWACHTEN

Rouw. Ik vind het erg ingewikkeld. Moet je er nou actief doorheen, praten, huilen, het gemis opzoeken? Of doet de tijd wat de tijd nou eenmaal doet, ook als jij er niet al die energievretende aandacht aan besteedt?

Moet je rouwarbeid uitvoeren, of kun je er lekker met een borrel omheen?

Waarschijnlijk ontkom je er niet aan, en maakt die borrel om te vergeten je herinneringen alleen maar scherper. Bovendien, zegt Nico ter Linden bij herhaling: wie (of wat) niet goed begraven is gaat spoken. Je moet ermee in de weer, met die doden. Aan de arbeid. Het moet ver*werkt* worden.

Rouw is verschrikkelijk en dan ken ik, goddank, nog lang niet de zwaarste variant. Hans Wiegel wel. Toen zijn kinderen respectievelijk drie en vijf jaar oud waren overleed hun moeder, Jacqueline, bij een auto-ongeluk. Haar zus Marianne wás er daarna, in de zorg voor het jonge gezin. Tussen haar en Hans Wiegel groeide geleidelijk een nieuwe liefde. Twee jaar later trouwden ze. En hoe hard het papier nu ook schreeuwt om 'en ze leefden nog lang en gelukkig', de werkelijkheid is dat, na drieëntwintig jaar samen, het noodlot ook haar trof: in 2005 verongelukte ook Wiegels tweede echtgenote.

Twee keer weduwnaar worden. En op zo'n manier. Het leest

als een recept voor een leven vol verbittering, boosheid, diepe depressie, maar niet bij Hans Wiegel. Je kunt van hem houden of je kunt hem haten, maar je kunt niet om hem heen. Hij ís er. Monter, uitdagend, vol in contact met het leven – niet de dood.

Het is gezellig bij hem thuis, vlak na de jaarwisseling. In zijn knusse woonkamer, uitkijkend op een Fries meer, serveert hij thee en oliebollen. Hij heeft kaarsjes aangestoken, en nu ook een sigaar. Hans Wiegel is er klaar voor. Ik had nooit gedacht dat hij ja zou zeggen toen ik hem benaderde via zijn persoonlijk secretaresse sinds mensenheugenis, Thea Dellepoort, die hij na al die jaren nog steeds aanspreekt met 'mevrouw Dellepoort' en zij hem als 'excellentie' of 'voorzitter', al naargelang zijn publieke functie van dat moment. Tegenwoordig spreekt ze hem aan met 'patron'. 'Het is ook een soort grapje,' zegt Wiegel.

Ik had gemaild. Mevrouw Dellepoort print de mail dan voor meneer Wiegel want die doet niet aan computers.

Ik schreef:

'U staat boven aan mijn lijst omdat ik u zo bijzonder veerkrachtig vind. Een paar jaar geleden zag ik Paul McCartney optreden. Het was niet lang na de dramatische scheiding van zijn tweede echtgenote, hij was kort daarvoor ziek geweest en refereerde nog altijd aan zijn overleden vrouw Linda, aan de vermoorde John Lennon, et cetera. Desalniettemin stond hij daar het leven te vieren, was hij sterk en vrolijk en daarmee ongelofelijk inspirerend.

Hoewel u geen Beatle bent (dat mag ik wel stellen, hè?) vind ik u op dezelfde manier inspirerend. We weten dat u privé veel heeft meegemaakt, toch kennen we u altijd als monter en sterk en ik denk dat er dus iets van u te leren valt als het gaat om, vergeef me het anglicisme, dealen met het leven zoals het nou eenmaal af en toe kan zijn.'

Wiegel wilde, maar zijn adviezen moet je een beetje tussen de regels door zien te wieden. Er moet veel wijsheid zijn gegroeid, in die jaren, maar liberaal als hij is – *laissez faire, laissez passer, le monde va de lui même* – zal Wiegel niet zo snel uit zichzelf vertellen hoe de mensen het moeten doen. Toch is er, op verzoek, direct al een heel praktische les: 'Na een groot verlies, als het dan op rouw aankomt, dan moet je gewoon dat eerste jaar door. Dat is een bekende opmerking hoor.'

Wiegel weigert de rol van goeroe in dezen, maar wil toch meer vertellen als wij vragend kijken. Een bekende opmerking? Niet voor ons.

'Ja, dat is wel algemeen bekend, maar zo heb ik het ook ervaren. Dat eerste jaar kun je niets, moet je niets doen. Gewoon wachten tot het voorbij is. Eerst al die dagen voorbij laten komen, kerst, verjaardag, sterfdag, en dan begint het pas weer een beetje.'

Misschien een open deur, maar misschien ook een houvast voor wie er middenin zit: je moet eerst dat jaar door. Daarna begint het weer een beetje. Dat 'wachten tot het voorbij is' gaat bij iemand als Hans Wiegel echter niet met een dekbed over het hoofd in lethargische afzondering: 'Nee. Je moet wel aan het werk. Hard zijn voor jezelf. Dat helpt. Je moet ook professioneel zijn. Tuurlijk. Die Paul McCartney, die had in korte tijd een hoop nare dingen meegemaakt, die zal vanbinnen heus niet vrolijk zijn geweest.'

Maar je moet wel, zegt Wiegel. Volhouden. Dat jaar door.

Misschien met hier en daar een beetje troost uit vriendschap, of muziek, of uit het voorbeeld van sterke mensen als Paul McCartney – en Hans Wiegel.

EÉN EN ÉÉN IS VAAK TOCH TWEE

Mijn liefdesleven zou zoveel rijker en meeslepender zijn geworden als ik alle keren dat ik achteraf hoorde 'maar toen vond ik jou ook heel leuk!' kon inruilen voor openlijke liefdesverklaringen op het moment suprême.

Maar ja. Toen.

Toen durfde ik het niet te zeggen, want stel je voor dat die ander mij dan stom zou vinden, en zou afwijzen! Die ander was natuurlijk precies zo'n bange poeperd dus voor je het weet sta je twintig jaar later allebei met een trouwring om je vinger te mijmeren over hoe mooi het had kúnnen zijn.

Youth is wasted on the young, denk ik. Als je jong bent, echt zo ongebonden ik-heb-geen-idee-in-wiens-bed-ik-vanavond-beland jong, weet je nog niet wat ik zo halverwege de dertig leerde: als jij denkt dat iemand je leuk vindt, is dat negen van de tien keer ook zo.

Het is een les van mijn vriend Sander. We zaten samen in de auto en ik had het over iemand die ik leuk vond, nou ja niet leuk leuk, want ik was natuurlijk getrouwd, maar als alles anders was, nou dan zou ik – en wat die ander dan wel niet van mij zou vinden, want ze deed best cool maar ze zei toch ook wel weer dit en ze deed toch ook wel weer dat...

'Clau,' zei Sander, en hij keek me van achter het stuur indringend aan, 'één en één is vaak toch gewoon twee, hoor.'

Sander had ontzettend gelijk (want met de betreffende vrouw deel ik inmiddels mijn leven) maar het ging niet alleen op in dit specifieke geval. Het geldt ook voor al die keren dat je denkt: wat grappig dat hij met zijn assistente naar die borrel gaat, zou zijn vrouw niet kunnen? Hoewel, hij komt eigenlijk meestal met haar, zouden ze misschien iets met elkaar hebben?

Eén en één is vaak toch gewoon twee.

Goh, wat leuk dat hij voortdurend bij haar in het atelier rondhangt terwijl hij eerder nooit enige interesse voor kunst aan de dag heeft gelegd, en wat grappig dat zij hem naakt laat poseren, zouden ze daar nou iets bij voelen of is het puur artistiek?

Eén en één, is alles wat ik zeg.

Dus áls je iets voelt (bij voorkeur voor een ongetrouwd type overigens), zeg het gewoon. Negen van de tien keer vinden ze jou ook leuk.

ER IS EEN CLUBJE WAAR JE WÉL BIJ HOORT

'Lisette, wat is er?' vroeg meester Vermeulen. Het meisje zat drie rijen voor mij in de klas. Ik zag haar schouders schokken.

'Hik vind het zo erg dat...' huilde ze. Carolien, die naast haar zat, sloeg haar arm om de schouders van Lisette. Zij wist wel wat er aan de hand was. Ze had het er zelf ook niet makkelijk mee. 'Ze moet zo huilen omdat Ada dood is, meneer,' zei Carolien, en barstte prompt zelf ook in snikken uit.

Ada was een paard. De verzorgpony van het dorp. Alle meisjes uit groep 6 kwamen haar vaak borstelen, de stal uitmesten en met emmers biks sjouwen. Alle meisjes uit groep 6, behalve ik. Ik hou niet van paarden. Nog steeds niet. Ik vind ze mooi hoor, om naar te kijken, maar eng en groot en terecht vervangen door de auto als voorkeursvervoermiddel. Nu was Ada niet eng en groot, Ada was een, zelfs in mijn ogen, wel schattige shetlandpony. Rijden kon je er dus niet op, maar verzorgen, dat was wat ze vol overgave deden, de meisjes uit mijn klas.

Nu begon Gerrie ook te huilen, en daar ging Nancy. Henriette, Miranda, Sandra, Carla, uiteindelijk zaten alle meisjes te huilen. Ze vonden het zó erg van Ada, en allemaal waren ze meer dan eens een middag in het weiland vlak bij ons huis geweest om met een plastic borstel de moddervlekken uit haar vacht te kammen. Nu gingen de jongens ook: Arno, Jeroen, Johnny, ieder kind in ons kleine dorp was opgegroeid in Ada's nabijheid en bij iedereen drong het nieuws van haar zachte inslapen ineens in alle hevigheid door. De hele klas moest huilen. Behalve ik. Ik wilde wel, probeerde ook tranen naar mijn ogen te sturen, gewoon om erbij te kunnen horen, maar het lukte niet. Ada was in mijn ogen gewoon een goeiig beestje dat met een wezenloze blik in het weiland stond waar ik langs fietste op weg naar school, meer niet. Niet dat ze dood hoefde, maar dat het nu gebeurd was, raakte me eigenlijk niet meer dan wanneer iemand een bloem plukt. Die kan nu nooit meer verder groeien, dacht ik dan steevast. Gelukkig zette mama ze altijd netjes in een vaasje. De meester begon een gesprek met de klas over hoe erg het allemaal was van Ada. Ik was blij dat we nu geen breuken meer hoefden te doen.

Zo vervreemd van de groep als ik me voelde toen Ada doodging, voelde ik me bijna mijn hele lagereschooltijd. Ik was niet ongelukkig of buitengewoon eenzaam, maar had gewoon niet het gevoel dat ik de dingen waar ík mee bezig was kon delen met de buitenwereld. De dingen waar ik mee bezig was: Neil Diamond-platen luisteren, Jos Brink-musicals en Danny Kaye-films honderd keer kijken op de Betamax, Tineke Schouten- en Herman van Veen-conferences uit je hoofd leren.

Toen ging ik naar de brugklas en dat vond ik vooral overrompelend. Zoveel mensen ineens, en al die Sesamatlassen die je niet had moeten vergeten mee te nemen. Pas vanaf havo-2 kreeg ik voor het eerst het gevoel: dit zijn leuke mensen. Die snap ik. En zij mij. Toen flanste ik mezelf naar de mavo, waar ik een paar goeie vrienden maakte maar verder weer terug in de lagereschoolmodus van ‘laat ik dit verhaal maar voor mezelf houden’ kwam, om uiteindelijk in havo-4 echt op te bloeien. Zestien was ik, godbetert, en toen kreeg ik pas het gevoel dat ik me niet op de enkeling hoefde te verlaten, maar dat het over het algemeen leuke mensen waren. Dat ik niet ‘anders’ was, althans, niet in de negatieve zin. Ik was anders, en dat vonden ze leuk. En zij waren wéér anders, waardoor ik dol op ze was.

Zo erg als daarvoor is het nooit meer geworden omdat ik nu wist dat ze bestonden, anderen bij wie ik wél mezelf kon zijn, maar toch zijn er nog periodes geweest waarin ik dacht: moet ik het hier vinden? In dit kantoor, aan deze bar, in dit gezelschap?

Voor iedereen die dat gevoel kent en bang is dat het niet overgaat: het wordt beter. Echt. Er is een clubje mensen waar je wel bij hoort.

Je hebt ze alleen nog niet ontmoet.

ZIE JE EIGEN AANDEEL IN DE MISLUKKING

De meeste mensen praten als volgt over hun voorgaande relaties: hij/zij is een klootzak/kutwijf, ik was destijds knettergek/piepjong.

Dit is de meest comfortabele manier om naar het verleden te kijken. Je kunt lekker boos blijven op de ander en de schuld ook fijn dáár laten.

Ideaal.

Helaas, hier komt dan toch het onontkoombare zelfinzicht: als je niet verder komt dan dat, zullen al je relaties eindigen met het stuurs geprevelde mantra 'het lag aan de ander' en wordt dit een heel lang en vermoeiend leven vol repeterende breuken.

Een tijdje zwelgen in het verlies mag. Moet misschien zelfs. Hedy d'Ancona had er flink last van toen haar partner Berend Boudewijn verder ging met Martine Bijl, maar hield er toch ook weer mee op, want: 'Je bent eerst totaal verscheurd, kapot, en dat blijft lang zo, maar er zit ook een fysieke grens aan verdrietig zijn en slapeloze nachten hebben, vooral als je het druk hebt. Ik was toen minister van Welzijn, Volksgezondheid en Cultuur – dat was een héél slechte combi met liefdesverdriet – en mijn kinderen waren behoorlijk leuk en ik dacht na een flinke poos echt: het heeft nu lang genoeg geduurd. En heel belangrijk is dat je je eigen schuld ziet. Ik was in dit geval wel de verlatene, maar ik ging op een gegeven moment toch ook denken: wat is mijn eigen bijdrage aan deze mislukking? En toen zag ik wel in dat er, ook bij mij, ernstige verwaarlozing van de ander bij zat.'

'Degene die weggaat is meestal veel eerder al verlaten,' kreeg een goede vriend van mij te horen van de relatietherapeut bij wie hij wilde uithuilen over zijn overspelige partner. Een zin om op te kauwen. Degene die weggaat, is vaak allang verlaten. Ikzelf was ook eens degene die wegging, en de ex in kwestie is zo fideel om toe te geven dat ik weliswaar de actie ondernam, maar dat zij achteraf al heel lang, zoals ze het zelf formuleert 'de deur had dichtgegooid'. Dat schiet op, als je daar (in dit geval geholpen door wat (post-)relatietherapie) beiden je eigen aandeel in kunt zien.

Degene die weggaat is vaak al lang verlaten. Dat zouden ze eens moeten vertellen aan al die vrouwen die meewerken aan de LINDA.-rubriek 'Verlaten Vrouw'. Elke maand opnieuw wordt er twee kolommen lang huilie gedaan door vrouwen die zelf niet zien wat ze tussen de regels door openbaren door opmerkingen als: 'Ik ben nooit ontzettend verliefd geweest op Ben, maar onze ouders gingen veel met elkaar om dus het had iets vanzelfsprekends', of: 'Na de geboorte van de kinderen had ik gewoon helemaal geen zin meer in seks, hij legde zich daar na wat gedoe ook bij neer', of: 'Praten konden we niet echt met elkaar, maar hij runde de zaak en ik het gezin, we waren een goed team.'

De dorre dagelijksheid van hun verhalen maakt dat ik meestal vóór die man ben – terwijl het stukje geloof ik echt niet zo bedoeld is – omdat hij tenminste nog een beetje gevoel in zijn donder heeft en überhaupt het vermógen om verliefd te worden niet is verloren. Zij wel, over het algemeen. Na een pagina gemekker over hoe fout hij wel niet geweest is, besluit de vrouw in kwestie meestal het vertrouwen in de liefde verloren te hebben.

Maar zo komt ze natuurlijk nooit die leuke man tegen met

wie het allemaal wél gaat lukken, laat staan dat ze van die verongelijkte streepmond afkomt, want zoals Hedy zegt: ‘Op het moment dat je je eigen bijdrage aan de mislukking ziet, dan hélpt dat. Wat deed ik eigenlijk? Is dat wel normaal? Iedere relatie vergt een continu onderhoud. Intenser dan je automobiel of het dak dat lekt. Je moet echt voortdurend aan elkaar denken. Een relatie gaat niet vanzelf. Daar moet je alle twee alert op blijven. Dat heb ik er wel van geleerd. En dat de rol van slachtoffer op je nemen geen goede manier is om de ellende achter je te laten.’

Ik ken dat gevoel, en ik ben er ongelofelijk van geschrokken, de eerste paar keren dat het me trof. Momenten dat ik iets deed of zei wat ik vaker had gedaan en waarvan ik ineens dacht: wat ontzettend onaardig eigenlijk. Of wat egocentrisch, ongeduldig of vul nog maar wat onhebbelijkheden in. Ik hoop dat ik mijn eigen aandeel genoeg inzie, maar ik vrees dat je het lijstje altijd anders zult invullen dan de ander. Als je het maar genoeg inziet om te beseffen: dit is mij niet alleen maar overkomen. Ik heb dit ook zelf gedaan.

En dóór.

JE MAG BEST EEN BEETJE OP ELKAAR LIJKEN (MISSCHIEN MOET HET ZELFS)

Ze gaan uit elkaar.

Zij heeft het helemaal gehad met die afschuwelijke premières in die ijdeltuiterige scene van hem, hij kan die familiefeesten van haar in die te krappe Kip-caravan geen seconde langer meer verdragen.

Eerst lijkt het leuk, verschillen. *Opposites attract*, en wat vullen we elkaar toch mooi aan. Er komt zelfs een calvinistische component bij kijken; als je verschilt maar toch samen blijft, heb je kennelijk veel moeite gedaan voor de liefde, en moeite doen is goed.

En moeite doen ís ook goed, maar toch geloof ik, nu ik veertig ben en de liefde misschien een beetje beter ken dan twintig jaar geleden, in deze woorden uit een prachtig liedje 'Here We Go' van Jon Brion:

You gotta hope that there's someone for you
As strange as you are
Who can cope with the things that you do
Without trying too hard

Het helpt zo enorm als je een beetje hetzelfde beeld hebt van de liefde. Als je allebei houdt van briefjes vol hartjes en lieve woorden op het aanrecht, of dat soort dingen juist allebei kinderachtige onzin vindt. Wanneer de een dagelijks zulke kattebelletjes schrijft en de ander vindt het kinderachtige onzin, dan heb je een probleem. En nee, je hoeft het niet over alles eens te zijn, en ja, een beetje ruzie is goed, maar het loodzware van te veel verschillen in de liefde is dat je elkaars offer niet ziet – waardoor het nog zwaarder wordt.

Als zij nou af en toe had gezegd: 'Liefste, wat geweldig dat je nog steeds bij mijn familie in die kutcaravan komt zitten af en toe, ik weet dat je dat verschrikkelijk vindt maar neem nou even twee biertjes en dan kom ik zo gauw ik kan lekker naast jou zitten.' Als hij nou af en toe had gezegd: 'Schatje, die acteurs zíjn ook allemaal verschrikkelijk, en het lijkt alsof ik oog heb voor iedereen op zo'n première maar in werkelijkheid kijk ik alleen naar jou – wat lief dat je zo'n geweldige jurk hebt aangedaan speciaal voor deze avond!' Dan was het allemaal nog wel een beetje te doen geweest.

Maar als je echt niet zoveel op elkaar lijkt denk je: dat is toch gezellig, met de familie, waarom ziet hij dat nou niet? En: dat is gewoon een eer om bij te mogen zijn, zo'n première, ze boft maar – en zie je niet het offer dat de ander voor jou maakt.

Dus maak het jèzelf en elkaar niet zo moeilijk en probeer iemand te vinden die een beetje op je lijkt. Dat mag. Zolang je niet in uniseks trainingspakken op een tandem gaat zitten – of zelfs dan.

Zelfs dan.

WEES PROFESSIONEEL

Mensen hechten verschillende betekenissen aan het woord 'professioneel'. Iemand als Hans Wiegel bedoelt er vooral mee dat je je niet verliest in de emotie, maar bezig blijft met het vak dat je moet uitoefenen. Zo vindt hij het 'heel slecht om een hekel te hebben aan politieke tegenstanders. Want als je een hekel aan iemand hebt, dan versluiert dat je professionaliteit. Kijk, de ene politicus mag je meer dan de andere, ik was bijvoorbeeld altijd heel erg goed met Marcus Bakker van de CPN, maar ook met de mensen die ik niet zo graag mocht, gold: het politieke gevecht moet worden gevoerd. Hardhandig. Met af en toe een grap. Dat moet. Daar gaat het om. Ik hecht heel erg aan professionaliteit. Dat heb ik als commissaris van de Koningin ook altijd gehad.'

Waar zit 'm dat dan in, professionaliteit? vragen wij leergierig.

'Nou, als je commissaris wordt in de provincie ben je nog echt de commissaris. De gouverneur. Zo word je ook gezien. Dus ik ga niet de lolbroek uithangen als ik in functie ben. Die functie moet duidelijk zijn. Toen ik net commissaris werd, was de Statenzaal opgeknapt en daarbij had iedereen ineens dezelfde stoel gekregen. Toen zei ik: mijn voorganger had toch een soort troon hier? Ja, ja. Ik zeg, waar is dat ding? Op zolder. Ik zeg, die troon moet terug. Je moet in stijl de vergaderingen leiden.'

Professioneel heeft in Wiegel-land ook te maken met je rol vervullen met de juiste mate van decorum. Ik hou daar wel van, een net pakkie aan en huppekee. Ook in het theater gebeurt het dat je vanbinnen moet huilen terwijl de zaal lacht, of andersom, dat je in en in gelukkig bent, terwijl je een heel droevig liedje staat te zingen. Je moet je vak verstaan. Gijs Scholten van Aschat, de acteur, maakt een onderscheid tussen aanleg en talent. Je hebt mensen die heel veel aanleg hebben om te acteren, maar niet het talent om ook daadwerkelijk een groot acteur te worden. Dat heeft met hard (willen) werken te maken.

En dat is waar míjn definitie van professionaliteit om de hoek komt kijken. Zoals Will Smith zegt: 'Always work a little bit harder than the other guy.' Dan vragen ze de volgende keer jou, en niet hem. De geniale gitarist die briljante solo's geeft maar altijd te laat komt en net dat éne gave pedaaltje niet bij zich heeft, vraag ik niet zo snel om nog eens in te vallen als de begaafde gitarist die op tijd, aardig en goed voorbereid is. Je kunt nog zo'n genie zijn, als je niet op het moment suprême op het podium bent om dat te laten zien, ben je gewoon een eikel op de bank. Ondanks het spreekwoord heeft er nog nooit daadwérkelijk iemand geschitterd door afwezigheid. Om te kunnen schitteren moet je er op zijn minst zíjn – wat er verder privé ook aan de hand is.

Anne-Wil Blankers had, om maar eens iets te noemen, een dochter met het downsyndroom. Voorzichtig vraag ik: we weten van Marjolijn. Is dat moeilijk geweest? Ik bedoel, om dan ook nog eens je werk op hoog niveau te houden?

'Nou,' zegt Anne-Wil, 'toen ik bijvoorbeeld *Een dag uit de dood van verdomde Lowietje* speelde – dat stuk gaat over een ouder stel met een totaal gehandicapt kind, een plant in een rolstoel –, dacht ik nooit aan Marjolijn. Alleen bij het zinnetje "het busje komt zo", dat werd ongeveer letterlijk gezegd. Dat is gewoon een praktisch iets. Maar ik denk wel dat het aan je kleeft als je zoiets meemaakt. Je bent vruchtbare aarde voor dat soort gevoelens.'

Professioneel zijn betekent dus niet je emoties uitschakelen, maar gewoon volle bak doen wat je vak op dat moment van je vraagt. Dat is wat Anne-Wil Blankers zo goed maakt. Waarschuwing: wat je goed maakt in je vak is privé dan weer niet altijd even handig. Zo is het pijnlijk herkenbaar als Anne-Wil zegt: 'Het is wel een vak dat op een gegeven moment niets anders meer verdraagt. Ja, en dat is geen egoïsme of zoiets, maar ik wil altijd zo dicht mogelijk bij het materiaal blijven, in dat wereldje zitten. En als ik dan te veel dingen op me af krijg uit het dagelijks leven heb ik daar last van. Ik wil niet uit mijn concentratie. In repetitietijden ben ik erg ongelukkig, bang en vervelend. Zeker zo rond de generale repetities. Toen ik nog bij de Haagse Comedie zat, had ik een vriendje en daar kon ik altijd logeren. Die woonde met zijn mannelijke partner samen en daar had ik mijn eigen kamer. Want dan was ik thuis niet te harden. Dan wou ik om twee uur 's nachts het licht aandoen om naar mijn tekst te kijken. En ja, mijn man zei ook altijd: ga maar. Hij zei nog een paar weken geleden, toen ik weer op dat punt zat: ik wou dat je weg was.'

Always work a little bit harder than the other guy. Or girl.

VERLIEFDHEID IS (BIJNA) NIET TEGEN TE HOUDEN

Niets is zo heerlijk als samen zijn met degene bij wie je wilt zijn.

Dit klinkt zo voor de hand liggend, als platte 'de dag die je wist dat zou komen'-achtige kromspraak, dat je bijna zou vergeten dat het waar is. En zeldzaam. Ga jezelf, je familie, je vriendenkring maar na. Van welke duo's geloof je dat ze echt verliefd zijn op elkaar? Dat ze hier en nu, vandaag, voor elkaar en niemand anders zouden willen kiezen?

Momenteel ben ik zelf dermate walgelijk gelukkig in de liefde dat ik er niet eens over ga schrijven omdat je dit boek dan kotsend in een hoek zult gooien, maar ik heb in de afgelopen veertig jaar veel verlangd.

Al die wijze mannen en vrouwen, al die zeventigplussers, die moeten me toch iets zinnigs kunnen leren over de periodes dat ik uit het raam keek, dromend van De Ander? Over dat oeverloze rondjes om het huis fietsen, dat turen naar de telefoon. Over al die heftige emoties, die verzengende verliefdheid. Daar moet toch iets verstandigs over kunnen worden gezegd door de mensen die beter zouden moeten weten? Wat moet je ermee? En hoe kom je ervan af?

Eerst maar eens aan Alberti vragen: 'Als je verliefd bent en je ziet elkaar zes weken niet, dan is het meestal over. Dan was het niet écht, maar vooral hartstocht. Wat ook lekker en leuk is.'

Elkaar zes weken niet zien. Dat werkt. Maar soms ook precies de andere kant op, want *absence makes the heart grow fonder* en ik, persoonlijk, kan van een sterveling in zes weken afwezigheid een god maken in het diepst van mijn gedachten.

Misschien dan een gouden tip van Hedy d'Ancona, ook niet te beroerd om te vertellen over haar hevige verliefdheden in het verleden: 'Soms viel die verliefdheid nog wel een beetje te beheersen, maar ik verloor meestal al snel de regie, hoor. Je wilt het. En er is geen houden aan. Ik heb vroeger ook wel bij vrienden gezien dat er meteen een groepsgesprek met het hele gezin werd gehouden als er een verliefd werd. Nou, dan is het zo over. Want niets duurt zo lang als een geheime liefde. Als je er vlug vanaf wilt zijn dan moet je het bespreekbaar maken.'

Verschrikkelijk om te moeten doen, maar wel het beste. Het direct met het hele gezin bespreken klinkt me wat al te jaren 70, maar gewoon een-op-een tegen je verkering zeggen wat er aan de hand is, is natuurlijk de eerlijkste manier. Alleen als je geliefde weet dat jij verliefd bent geworden op een ander kan hij/zij inzien dat er tussen jullie iets is blijven liggen. Of nooit gelegen heeft. Kortom, dat moet je doen. Als je durft. Zo makkelijk is dat nog niet.

Want ook voor Hedy is de theorie mooi, maar de praktijk weerbarstig: 'Nee, ik deed dat niet. Ik vond het altijd zo zielig. Om dan te zeggen: ik ben nu heel erg verliefd op iemand anders. Maar als je wilt dat je eroverheen komt dan moet je het vertellen.'

Het is een groot geheim, maar volgens mij overkomt het iedereen. Je komt er misschien pas achter als je de ander in vertrouwen neemt met je eigen verhalen, als er wederzijds wisselgeld is – en bij sommigen zelfs dan niet. Of misschien is er bij sommige mensen gewoon echt niet zoveel spannends te vertellen. Dat kan ook. Zo vind ik Anne-Wil Blankers de meest onberispelijke vrouw van de toneelwereld.

'Houden zo,' zegt zij daarover. En op mijn vragende blik daarna niet meer dan: 'Ik ben geen wildebras, maar ik heb best wel eens om me heen gekeken hoor. Kom.'

Het overkomt je, kennelijk. Dat vond ik altijd als een goedkope smoes klinken, maar ook Paul van Vliet, inmiddels al tientallen jaren samen met Lidewij, was nergens op uit toen het tussen hen begon. Na de taart aan de keukentafel zitten we inmiddels in zijn kamer. Lidewij hebben we gedag gezegd – met lichte tegenzin want wat ís ze leuk. Pauls Kamer. Posters, gouden platen, beeldjes, foto's en herinneringen. De hele ruimte ademt een roemrijk verleden, en een al even succesvol heden. Paul van Vliet speelde de afgelopen jaren elke zondag in een uitverkochte Koninklijke Schouwburg, om de hoek van zijn huis. 'Een kwispelend staartje aan mijn carrière,' zegt hij trots. Er is veel om over op te scheppen, maar Paul blijkt allesbehalve pocherig. Verrassend eerlijk vertelt hij een hele middag, onder het genot van af en toe een glaasje witte wijn – en een heel klein sigaretje.

'We schrokken allebei van dat moment. We waren getrouwd, we zaten samen met onze toenmalige partners in een cabaretgroep. We speelden zes dagen in de week, deden alles met zijn vieren. In vakanties reden we nog om om elkaar te zien. En dan ineens, na zes jaar, zijn er twee die voor elkaar vallen. Ja, dat was best moeilijk. Maar er was geen ontkomen aan.'

Houdt het dan nooit op? zou Carice van Houten schreeuwen. Ja, toch wel.

Hanneke Groenteman: 'Ik word naarmate ik ouder word behoedzamer. Het neemt iets weg van de lol. Het neemt iets weg van de onbevangenheid. Van het: doe maar, ik ben verliefd, dit is sterker dan ikzelf. Dat je ergens wel denkt "ik doe mensen pijn" maar het moet omdat het allemaal zo broeit. Dat is gewoon niet meer.'

En vanaf wanneer is dat dan weggegaan?

'Vele ruzies later. Vele conflicten later. Op een gegeven moment leer je wel om niet meer volledig in paniek te raken van dit, of wanhopig te hunkeren naar dat. Maar toch is het ook wel jammer. Het ontzettend verliefd worden, ik kan er nog zo naar verlangen.'

Misschien houdt het dus toch nooit helemaal op. Misschien is dat de enige les die de wijze vrouwen en mannen ons hierover te leren hebben: verliefdheid heb je niet onder controle. Hoewel Willeke Alberti een heel end komt: 'Ik was verliefd op al mijn tegenspelers, ik deed er alleen niets mee. Mijn tegenspelers werden ook verliefd op mij. En zij probeerden nog weleens wat. Maar ik heb één principe gehad: nooit met een getrouwde man.'

En is dat haar ook gelukt, om dat vol te houden?

'Heel lang wel.'

Prima.

GELD MAAKT NIET GELUKKIG, MAAR HET HELPT WEL

Als er weer eens een rijk meisje aan lager wal is geraakt, of een adellijke jongen verongelukt met een speedboot, is er altijd wel een al wat oudere dame te vinden die niet te beroerd is om hem erin te gooien: 'Zo zie je maar weer, hè. Geld maakt niet gelukkig.'

Wat gelul is, natuurlijk. Geld lost niet álle problemen op, dat is waar. Gezondheid en ware liefde kun je er niet voor kopen – toch wel twee *essentials*.

Maar betere medische zorg bijvoorbeeld wel, hoe oneerlijk dat ook is. Toen ik aan de andere kant van het spoor woonde zat ik bij een huisartsenpraktijk waar in de wachtruimte een briefje hing met de huisregels. We zouden elkaar hier respecteren, niet schelden en niet fysiek bedreigen. Wie de dokter toch sloeg, werd niet geholpen. Toen ik aan de beurt was om de spreekkamer binnen te gaan zag ik daar niet een kalme arts met grijzende slapen aan een bureau die vroeg: 'Nou mevrouw, vertel het eens', maar een assistente die in vliegende vaart patiënten een soort kleedhokje met een gordijn in duwde en zei: 'Daar wachten. Dokter komt zo.' Dan kwam de arts (ze had overigens wel grijzende slapen) en die liep de kleedhokjes een voor een af. Ik kon precies horen wat de klachten waren in hokje één, twee en drie, en besloot niet af te wachten wat de anderen ervan vonden als ik mijn problemen vanuit hokje vier fluisterde.

Nu ik aan de andere kant van het spoor woon heb ik weer zo'n ouderwetse huisarts, weliswaar zonder grijzende slapen, maar met folders over hooikoorts en voetschimmel in de wachtkamer in plaats van instructies de dokter niet te mishandelen. Een huisarts met tijd, aandacht en een deur om dicht te doen. Zo een als de mensen in mijn oude wijk denk ik ook wel zouden willen. En verdienen. Noem me naïef, maar ik schrok ervan dat er in zo'n doodgewone stad als de mijne zo'n klassenverschil is in zoiets belangrijks. De huisarts in mijn oude wijk deed ook wat zij kon, moest misschien nog veel harder werken dan mijn huidige, maar er was daar gewoon te weinig geld. En geld helpt wel.

GA OP TIJD WEG

Toen ik mijn eerste echte, betaalde baan kreeg kon ik mijn lol niet op. Het was bij de regionale omroep voor Zuid-Holland, Radio West. Ik ging met een reportagewagen op pad om te vertellen hoe het bloemencorso in Lisse was of wat er dit weekend te doen was bij de lokale schietvereniging voor blinden en slechtzienden (ik verzin dit niet) en daar werd ik dan voor betaald! Ongelofelijk. Na dat gehang in school- en collegebanken, waar ik totaal ongeschikt voor was, eindelijk eens iets dóén. En soms, als je even niets leuks te verzinnen wist, ging je koffiedrinken in de kantine of met elkaar een rondje lopen in het park om de creativiteit op stoom te krijgen. Ik wist niet wat ik meemaakte. Werken associeerde ik tot dan toe met mijn zaterdagbaantje bij de Jamin, niet met lachen en dingen verzinnen met leuke mensen. Want die liepen er veel, echt inspirerende collega's. En ook andere types, tot mijn verbazing. Mensen die nukkig door de gang beenden, altijd mopperend over wat er nu weer niet goed was gegaan of wie het voor de zoveelste keer verkloot had. Die werkten er te lang, leerde ik. Ik kon me daar niks bij voorstellen. Het was zó leuk daar, dat blijft dan toch altijd zo?

Jaren later werkte ik nog steeds bij de radio, maar nu bij 3FM. Ik genoot met zo mogelijk nog vollere teugen van de collega's, de creativiteit, de humor daar. Tot ik me, na een jaar of tien, twaalf, begon te onttrekken aan evenementen waar ik vroeger een moord voor zou hebben gedaan om erbij te mogen zijn: Pinkpop, Lowlands. Waar ik vroeger alles op alles zette om te worden ingedeeld dacht ik nu: laat mij lekker een weekend thuis. Ik had het gewoon wel gezien, en dan moet je maken dat je wegkomt, het liefst als je het, zoals ik toen, nog moeilijk vindt om te gaan. Dan ben je hopelijk niet te laat.

'De meeste mensen in de politiek blijven veel te lang zitten,' zegt Hans Wiegel, terwijl hij een nieuwe sigaar opsteekt. Maar ja, hoe weet je nou dat het je tijd is? 'Je moet bijvoorbeeld zes jaar minister zijn,' meent Wiegel, 'maar langer niet. Kijk, je hebt drie kabinetten Lubbers gehad. Het eerste was het beste, het tweede ging nog wel en het derde was niet veel soeps. Wim Kok precies hetzelfde. Over die zes jaar: de eerste twee jaar moet je je inwerken, de laatste twee jaar moet je oogsten en tussenin moet je werken.' Misschien, opper ik, geldt dat wel voor alle beroepen? Voor ik mijn boom over werken bij de radio kan opzetten beaamt Wiegel al: 'Dat is ook waar. Je moet iets niet te lang doen. En dan moet je weggaan – dan moet je geluk hebben – op het moment dat mensen zeggen: jammer dat hij weggaat. Dat is de kunst. Maar je moet wel de beslissing zelf nemen.'

Daar kan Ruud de Wild, over radio gesproken, over meepraten. Hij vroeg zich soms wel af of hij nog op z'n plek zat bij Radio 538, lees ik, maar had er verder niet zoveel mee gedaan. Op een dag werd hij verrast door het nieuws dat hij werd opgevolgd door Coen en Sander. 'Als jij niet kiest, dan wordt er voor jou gekozen,' zegt hij.

Soms moet je kiezen, ook als je niet zeker weet of je daar wel aan toe bent. *Move on.* Dat Stephen Sondheim-liedje heb ik veel gedraaid toen mijn eerste verkering uit was. En bij honderd andere momenten dat ik een knoop had doorgehakt en nog niet helemaal zeker wist of dat nou wel zo'n goed idee was. Ik had zoveel steun aan het zinnetje: 'The choice may have been mistaken, the choosing was not.' Oké, misschien wil je het niet aannemen van een songwriter, maar misschien dan toch van een filosoof: 'Bij het maken van keuzes,' zegt Kierkegaard, 'gaat het er niet zozeer om het juiste te kiezen, als wel om de energie, de ernst, de overtuiging waarmee men kiest.'

Move on. Ga op tijd weg.

Geldt dat eigenlijk ook voor het leven, dominee? Dat je 'op tijd weg moet gaan'? Wat denkt Nico ter Linden hiervan? Uit het leven stappen, euthanasie, een hoogst gevoelige kwestie – zeker als het op geloof aankomt.

'Sieto en Marijke Hoving, ken je die?' vraagt Nico met een olijke blik. 'Dat was een cabaretechtpaar,' vertel ik Jessica die nu wel heel vragend fronst.

'Daar was ik altijd zo dol op,' zegt Nico. 'Sieto die gaat dan naar de apotheek om iets te halen. En dan zegt de apotheker: wat gaat u daarmee doen? U gaat het toch niet...? Nou, eerlijk gezegd wel, zegt Sieto dan. Maar dat mag helemaal niet, zegt die apotheker, je mag niet voor je tijd gaan. Maar ook niet na je tijd, zegt Sieto. Dat is natuurlijk heel waar. Er is eigenlijk maar één woord dat belangrijk is in het hele euthanasiedebat, en dat is barmhartigheid.'

Als het om banen gaat moet je niet te laat weggaan.

En als het om het leven gaat moet je alsjeblieft niet te vroeg weggaan – liever iets te laat.

HET IS OOK EEN BEETJE VOOR JE EIGEN LOL

Na drie uur lachen en praten aan de keukentafel komt Hanneke Groenteman via zevenentachtig omwegen uit bij de vraag: waarom besta ik eigenlijk? Ze schrikt er zelf een beetje van, lijkt het. En als ze dan antwoord zou moeten geven? Kan dat?

'Nee,' zegt Hanneke. 'Er is geen waarom. Er zijn ook maar erg weinig mensen die er niet meer zijn van wie ik denk: het is verschrikkelijk dat ze er niet meer zijn. Alle mensen die dood zijn, nou ja, die zijn er even geweest en dat was leuk. Er zijn erg weinig mensen die ik wezenlijk mis. Behalve mijn neef Piet die stierf toen hij vijftien was. Hem missen we nog elke dag.'

Ik slik, en vraag haar: 'Het is dus toch een beetje voor je eigen lol?'

'Eigenlijk wel ja,' zegt Hanneke. 'Zoals je het krijgen van een kind ook doet voor je eigen lol. Dat doe je ook niet om de wereld ietsje beter te maken.'

Je doet het voor je eigen lol. Het leven. Dacht Hanneke er anders over toen zij zo oud was als ik?

'Ik denk dat ik het op mijn veertigste hetzelfde zag,' zegt ze. 'Behalve dan dat ik me nodig heb gemaakt met een kind. En misschien had ik daar juist behoefte aan omdat ik mijn eigen bestaan zo buitengewoon oninteressant vind en er weinig toe vind doen. Nou ja... de kleinkinderen zijn ook belangrijk.'

Maar dat werk, en dat gewaardeerd worden dan? Het iets

kunnen betekenen voor anderen?

'Nee, dat betekent helemaal niets,' zegt ze stellig. 'Ik geloof niet dat ik iets meer doe dan mensen af en toe een beetje amuseren. We proberen allemaal het leukste te doen wat we kunnen doen. Voor mij is dat: iets doorgeven, doorvertellen wat ik mooi vind, erover schrijven. Dat is alles. En dat stelletje daar dan.' Ze wijst op een foto van haar zoon, schoondochter en kleinkinderen. 'Dat is alles.'

Het is ook een beetje voor je eigen lol. Als 'de zin van het leven' misschien wat karig, maar van de paar mensen die mij ontvallen zijn heeft niet iedereen dat genoeg kunnen praktiseren, denk ik. Ik had het ze wel enorm gegund. Het is een beetje voor je eigen lol. Anne-Wil Blankers spreekt het niet tegen: 'Daar komt ook nog bij, aan de andere kant van het spectrum, dat je je niet moet laten leiden door wat mensen van je verwachten. Daar bedoel ik mee: dat je zou moeten lijden over wat je overkomt. Mensen vinden dat je verdriet moet hebben als je vrouw overlijdt. En dat je vooral niet drie maanden later iemand anders tegen mag komen en dat je dan zéker niet mag denken: wacht eens even, het leven begint opnieuw. Ga vooral geen drie jaar zitten wachten omdat de buurt er anders schande van zou spreken, zeker niet als je ouder bent. Als je na vijf weken iemand tegenkomt: huppekee.' We glimlachen. Gauw vult ze aan: 'En met huppekee bedoel ik niet: huppekee. Maar kom op: het is jóúw leven.'

SEKS IS HEEL ERG BELANGRIJK

Dat mag je eigenlijk niet vinden, lijkt het wel. Maar volgens mij is seks heel erg belangrijk. Een kennis van me die ging scheiden van zijn op het oog toch zo vreselijk leuke vrouw, vertelde na een paar borrels dat ze het al zeven jaar niet meer deden. Dat hij erover had willen praten, alles had geprobeerd. Dieptepunt was toen hij in bed stapte, naakt, om een uur of elf 's avonds, vlak voor die ijstijd tussen hen intrad en zij zei: 'Wat doe jij nou?'

Zij vond het niet zo nodig, voor de intimiteit. Hij wel. Andersom ken ik het ook, een vriendin van me die na een periode van vreugdeloos gedoe in bed eindelijk een man die wilde, echt wílde, trof en zei: 'Ze doen altijd alsof seks niet zo belangrijk is. Alsof het maar tien procent van de relatie behelst of zo. Volgens mij is seks echt... vijftig procent van de relatie. En al het andere, dat is de andere helft.'

Seks. Wat vinden de wijze mannen en vrouwen ervan? We durfden er nauwelijks over te beginnen, hoe nieuwsgierig we ook waren. Maar Paul van Vliet kwam er zelf op, vanuit een gezamenlijke mijmering over hoe heerlijk optreden kan zijn: 'Dat je denkt: ik heb over. Dat zijn de beste en meest zeldzame voorstellingen. Als datgene wat ik ooit heb gevoeld en opgeschreven ineens de waarheid blijkt te zijn, al is het in de schijnwereld van de schouwburg. Als er geen enkele ruimte meer is voor twijfel of onduidelijkheid. Het is een ongelofelijk gevoel dat ik alleen maar met seks kan vergelijken. Dat je helemaal in elkaar opgaat in bed, helemaal aan elkaar bent verslingerd. Dat gebeurt hoor, ook op hogere leeftijd, kan ik je beloven.'

Wij kijken kennelijk zo opgelucht dat Paul zegt: 'Ja. Je wordt er wel iets moeier van.'

Maar word je er misschien ook beter in? durven we ineens te vragen.

'Ja, het is voor de vrouw wel heel prettig dat de man meer tijd nodig heeft. Dat heeft hij geleerd natuurlijk, om zich in te houden en niet meteen te spuiten. Dat heb ik geleerd en dat kan ik heel goed, al heel lang, maar nu is het ook gewoon het gevolg van je fysiek. Het duurt lang, je hebt alle tijd – je hebt ook echt alle tijd, je hoeft nergens heen. Er zijn geen afspraken, niemand wacht, geen huilende kinderen. Dus. Je kunt totaal in elkaar opgaan. En dat is wel een voordeel, voor de vrouw in ieder geval.'

In elkaar opgaan. Hè. Wij krijgen er nu al zin in. En is er dan, als het om seks gaat, als je ouder wordt ook minder gêne?

'Ja. Maar bij vreemde vrouwen wel hoor! Ik zou het moeilijk vinden om me nu uit te kleden bij een vreemde vrouw. Maar ik schaam me niet als ik mezelf in de spiegel zie. Ik ben niet dik. Gêne heb ik zeker niet voor Lidewij. De fysieke aantrekkingskracht was ook erg groot tussen ons. We schrokken ervan. Zo groot was het. Het was echt een ontdekking.'

Dat herken ik, denk ik. Jessica gaat een beetje zitten blozen als ik Paul vertel: met haar had ik het vanaf seconde één. ('Hai,' zegt Jessica.) Ik begreep er niks van. Dat ik dacht: wat is er aan de hand? Een heel fysieke aantrekkingskracht. Daar heb ik lang niks mee willen doen, maar uiteindelijk was het onontkoombaar. Inmiddels heb ik het idee dat het een voorwaarde is als je wilt dat een relatie lang blijft. Dat bij elkaar móéten zijn, dat dat ook fysiek is.

'Ik denk dat zeker, ja,' zegt Paul. 'Ik vind seksuele aantrekkingskracht een hele betrouwbare basis voor een relatie. Ze zeggen: dat gaat allemaal over, maar dat hoeft helemaal niet.'

Goddank.

Maar wat vindt hij dan van die verhalen over seks die overgaat in tederheid, genegenheid, en als dat er dan is, moet dat voldoende zijn? 'Onzin. Natuurlijk, vriendschap en geduld en begrip, dat komt erbij. Maar seks is toch wel een ongelofelijke basis. Ook het weten dat het zo is. Ook al praktiseer je minder, maar het weten dat je elkaar wilt, dat is belangrijk.'

Zo. Dat is duidelijk. Seksuele aantrekkingskracht is een betrouwbare basis voor een relatie, Paul van Vliet zegt het – dus nu durven we het ook wel aan Hedy d'Ancona te vragen. Is seks belangrijk? Wij zijn er verlegen van, maar zij steekt *sans gêne* van wal: 'Ik vind seks en erotiek zeker belangrijk. Anders kan ik natuurlijk net zo goed met een homoseksuele vriend... Al was dat ook erg leuk hoor, die tijden dat ik geen relatie had en veel met homoseksuele vrienden op pad ging. Maar er ontbreekt dan wel wat. Ik denk dat heel veel mensen geen seks meer hebben. Ik zou dat toch wel moeilijk vinden.' Hedy deelt haar leven nu al jaren met Aat Veldhoen, die het ook belangrijk vindt, vertelt ze: 'Aatje vraagt het altijd aan mensen: doen jullie het nog? Ik heb wel eens zo'n fotoboek gezien van seks hebbende oude mensen. Aat vond het walgelijk. Toen zei ik: kijk eens naar mij en jou! Maar ja, in het echt ziet het er toch anders uit dan op een foto. Want ik til weleens het dekbed op en dan vind ik het er nog wel leuk uitzien, die lijfjes, maar als je daar de camera op zet...'

We dwalen een beetje af. Seks is dus belangrijk? 'Heel belangrijk. Maar het rare is dat mensen die hun partner kwijtraken ook alleen een heel vervuld leven kunnen hebben. Als je het niet hebt, voelt het niet zo erg. Want die zeven jaar dat ik het niet had omdat ik single was, zat ik niet de hele tijd te denken: o god, waar is de seks? Veel mensen zijn ook seksueel op elkaar uitgekeken. Die doen het al jaren niet meer, terwijl ze wel in een soort harmonie verder leven. Maar zodra je het wél hebt, vind je het onontbeerlijk.'

Dat is waar. In relatieloze periodes kun je het wel missen, maar dat is een heel ander gemis dan bínnen een relatie – voor mij althans. Dan gaat het ineens ook over of je nog wel gewild en gezien wordt.

'Ja dat!' roept Hedy uit. 'Seks hoort bij het onderhoud van een relatie. Kers op de pudding. En die kers hoort erbij. Ik ken toch ook wel stellen waarvan de mannen geopereerd zijn vanwege prostaatkanker, en dan is het een heel gedoe. Toch denk ik dat je ook dan moet proberen iets te vinden zodat je het allebei leuk blijft hebben. Seks maakt de relatie uniek. Maar kennelijk is het het moeilijkste als het er langzaam uit sijpelt als je ouder wordt en al langer bij elkaar bent. Ben je jonger en sijpelt het dan weg, dan wordt het linke soep. Dan kun je aftellen. Al die mannen die hem bij hun vrouw niet meer omhoog krijgen zijn natuurlijk ontzettend bevattelijk voor een jong, kek, strakgetrokken type. Dan is het hopeloos voor de echtgenotes, hoezeer ze ook hun best doen. Dat zeg ik tegen de vrouwen: geef het op, hij loopt z'n piemel achterna. Daar kun je echt niet tegenop. Ik denk ook dat vrouwen zich moeten realiseren dat geen seks meer hebben niet natuurlijk is. Zeker niet als je veertig, vijftig jaar bent. Vrouwen die met opgeheven hoofd zeggen dat het er niet meer toe doet. Ik geloof hen niet. Ik heb zoveel heren gezien die ervandoor gaan. Dat is toch wel een jammerlijk verschil tussen mannen en vrouwen. Veel mannen van rond de vijftig kunnen kiezen uit de ruif van vijfentwintigjarigen, dat ligt bij vrouwen van in de vijftig toch anders. Er wordt weinig over gesproken, maar er is een vrouwenoverschot. Ik heb vriendinnen, van vijfenvijftig en ouder, die allemaal hunkeren. Dan zeg ik: zoek een leuke vriendin, maar daar zitten ze ook niet zo op te wachten. Het zou een oplossing zijn als ze lesbisch zouden worden.'

Ik val haast van de schitterende designstoel waar Hedy ons op heeft geplaceerd. Lesbisch wórden? Hedy?

'Ja, nou ja. Je kunt het niet afdwingen, maar je kunt het wel toelaten. Het was wel zo dat veel vrouwen in die begintijd van de vrouwenbeweging, met *Opzij* en Joke Smit en zo, lesbisch werden. Het was een pre om lesbisch te zijn, toen. En vergis je niet, het waren heel aantrekkelijke vrouwen, geen mannenhaters. Ik ben ook weleens met een vrouw naar bed geweest om te kijken of dat ook leuk was. Nou, dat was leuk. Er is ook niks op tegen. Dus nou ja, dat zou misschien iets oplossen, voor die generatie vrouwen die alleen zijn nu. Als ze niet meteen de deur dichtdoen.'

Lesbisch worden op latere leeftijd – bij gebrek aan een man. Wij kijken nogal op van deze theorie, want als seksuele geaardheid iets is wat je naar believen kunt kiezen hadden wij in onze puberteit heel die ingewikkelde coming out niet hoeven aangaan. Het is misschien ook anders als je opgroeit in de generatie van 'liever lesbies' ten tijde van de Grote Feministische Strijd. Sommigen bleven het, maar velen waren het voor even. Wij vinden dat gek. Hanneke Groenteman niet.

'Je kan best je geaardheid terugdringen uit angst voor wat mensen ervan vinden. En dan word je dat. Dus andersom zou misschien ook wel kunnen. Hoewel... Als ik lesbisch was geweest, in die *Hoor Haar*-periode (een feministisch radioprogramma dat Hanneke in de jaren 70 maakte), dan ben ik ervan overtuigd dat ik... Ik had in die tijd veel sjans van vrouwen. Ik heb het echt geprobeerd, maar uiteindelijk hou ik seksueel toch meer van een mannenlijf. Ach, als ik lesbisch zou zijn dan had ik nu een vrouw gehad. Een vrouw had me ook niet te oud gevonden. Ik ben eigenlijk...'

Zeg het maar gewoon, Hanneke. Geboren in een verkeerd lichaam.

'Ik had een dikke lesbienne moeten zijn. Dan had ik een andere dikke lesbienne gehad. Maar ik heb toen ondervonden dat je het niet kan worden.'

Goed. Dat onderwerp laten we éven rusten. Wat vindt Hanneke, is seks onontbeerlijk voor een goede liefdesrelatie? 'Ja, enorm. Ik vind het ontzettend armoedig om helemaal geen seks te hebben. Zo'n relatie waarin je dat niet meer bij elkaar vindt – ik hield dat niet vol in mijn huwelijk.'

En met wat gescharrel over en weer? vraag ik. Soms werkt dat. Een kameraadschappelijk akkoord, veel mannenstellen die ik ken doen daar niet zo moeilijk over. Binnen de relatie is de prik van de cola, maar dat er nog wel verlangen bestaat naar vreemde nieuwe lichamen, dat is oké.

'Nee. Nee,' zegt Hanneke. 'Ik had geen ander en hij had geen ander. We zijn heel vriendelijk gescheiden. Er was geen passie, geen erotiek meer. Hij was een soort aardig broertje. We hebben toen gezegd: we houden elkaar niet meer bezet. Gezellig is niet genoeg.'

Gezellig is niet genoeg.

Hoewel je, als je naar sommige stellen kijkt, kunt constateren dat het überhaupt al een wonder is als je het een beetje gezellig hebt samen, maar Hanneke heeft gelijk: het is niet genoeg. Althans, ík geloof er niet in. Seks is een onvervangbare intimiteit, zo anders dan al het andere dat je deelt met de rest van de wereld en zo onvoorstelbaar goed, zo geweldig heerlijk als het komt vanuit een intimiteit die je ook echt niet wílt delen met de rest van de wereld – behalve met deze ene hier.

ALLEEN SEKS IS OOK WEER NIET ALLES

'Ik heb helemaal niks te vertellen,' zei Hanneke Groenteman, 'maar je mag me wel alles vragen.' En dat is heerlijk, want ze vertelt veel, open en eerlijk, met een bizarre mengeling van zowel laconieke als heel gevoelige opmerkingen. Dus bij haar kun je rustig wat meer mijmeren, over de jaren 70 bijvoorbeeld. Haar fijnste tijd, vertelt ze. Toen ging iedereen toch de hele tijd met elkaar naar bed?

'Ja. Dat was echt zo.'

Ik vraag hoe dat was.

'Ja nou. Als het leuk was, dan was het leuk. Er waren heel weinig remmingen. Er was nog geen aids. Af en toe een druiper. Chlamydia. Schaamluis. Je had toen nog schaamhaar en daar kwamen luizen in. Pietjes. Maar het klinkt nu allemaal spannender dan toen je er middenin zat. Toen had het ook iets treurigs.'

Dat verbaast me. Al kennen we best een hoop mensen die jong waren in die tijd en toen met elkaar naar bed zijn geweest. Ze vertellen er ook vrij droogjes over. Het had weinig exclusiefs.

'Precies. Seksueel was het niet per se perfect. Kijk, die mannen wisten wel hoe ze moesten klaarkomen, maar ik denk dat veel vrouwen dat niet wisten. En er was ook maar een enkele keer tijd en aandacht voor. Het is ook een beetje vervaagd in mijn herinnering. God, ik heb het nog gedaan met een bandlid van Aznavour. Toch een lul verwijderd van de grote zanger.

Maar ik vraag me af of het echt genieten was, die tijd. Het was meer een onrust. Een grote afwerkplek. Als ik denk aan die tijd voel ik wel een soort feestelijkheid, maar geen warmte. Ach, ik danste en deed met iedereen mee. Ik was in die jaren getrouwd.'

Haha!

'Ja, toen deed ik het ook met anderen. Maar dat was wel heel gezellig. We woonden op het Rokin. Het was een fijn soort basis.'

Het was een andere tijd. We ontdekten in de loop van het maken van dit boek tussen onze geïnterviewden gaandeweg de nodige dwarsverbanden – die we hier graag in zo'n Márquez-achtige stamboom voor in het boek hadden gezet, maar nee. Het was een gekke tijd, en iedereen heeft wel iets gehad met iemand die de ander ook van heel dichtbij kent, merken we.

Ons seksueel ontwaken, lang na die wilde jaren 60 en 70, moest in een veel suffere tijd plaatsvinden: allereerst was er de enorme angst voor aids, en direct daaropvolgend de jaren 50-achtige moraal van onze generatie – we piesen nog steeds naast de pot. Die tijd van onze wijze mannen en vrouwen waarin het allemaal maar mocht en kon, ik werd er altijd een beetje melancholiek van. 'Ik ben misschien te laat geboren', om met Ramses Shaffy te zingen. Maar als ik Hanneke zo hoor, had het toch grote nadelen. Paul van Vliet beaamt: 'Voor Lidewij en ik verliefd werden kenden we elkaar al heel erg lang. We werkten samen, trokken dag en nacht – met onze partners erbij – met elkaar op. We speelden samen in Pepijn. Zij deed het licht. En de bar. Je wist alles van elkaar. Maar goed, we kenden elkaar ook van die feestjes. Van die feestjes in de sixties, met stickies en veel drank. We hadden het vrije huwelijk. Ik had andere dames. Mijn vrouw, toen, andere meneren. Lidewij was met haar man ook op die feestjes. En ze zei veel later, toen we al samen waren, eens tegen mij: op dat soort feesten was jij uiteindelijk altijd heel erg alleen. Dan zat je ergens alleen in een hoekje en dan kwam ik bij je zitten. Weet je dat nog? Ik zei: ja, dat weet ik nog.'

Zoals in een relatie intimiteit niet echt lukt als er helemaal geen seks is, zo is seks ook niks aan als er helemaal geen intimiteit is, durf ik te beweren. En die intimiteit hoeft ook weer niet zo heilig te zijn – samen het geheim van voor één nacht gedeelde geilheid koesteren is ook heel intiem –, maar seks om niks, voor niks, door niks, daar is niks aan.

WEES EERLIJK

Als puber kon ik goed liegen. Het is verbazingwekkend hoe makkelijk je van een drie op een rapport een acht kunt maken. Nóg verbazingwekkender is het dat je ouders dat in een oogopslag doorhebben en heel veel bozer worden dan wanneer je gewoon die drie voor wiskunde had gehad. Die leugenperiode hield na de puberteit op, zeker toen ik eenmaal uit de kast was en geen zin had om ooit nog ergens over te hoeven liegen.

Liegen is gedoe. Liegen levert verschrikkelijk veel stress op. Liegen dwarsboomt liefde. Als je een echte relatie wilt, moet alles ook echt waar zijn.

Tegen onze zoons roep ik altijd dat ik niet boos word als ze het eerlijk zeggen – whatever 'het' dan ook is – en tot nog toe heb ik me daar aan kunnen houden. Ze zijn klein en begaan geen dramatische zonden, maar ik merk dat het echt veel makkelijker is iemand te helpen die eerlijk kan zeggen dat hij, laten we zeggen, zijn hand zo lang tegen de stromende kraan heeft geduwd dat het stuc van de muren van het toilet druipt, dan iemand die zegt dat hij ook niet weet hoe dat kwam, nee echt niet, serieus, het kwam zomaar.

Niet liegen maakt liefhebben een stuk makkelijker.

Ook als het moeilijk is, als je bang bent iemand pijn te doen. De harde waarheid (ja, het ligt ook aan jou) is uiteindelijk minder kwetsend dan een zachte leugen (het overkwam me gewoon).

Bovendien maakt het je eigen leven veel makkelijker. De waarheid kost geen moeite om te onthouden, dit in tegenstelling tot leugens waarvan je nooit precies weet tegen wie je nou ook al weer wat hebt gezegd. En het maakt je onkwetsbaar: omdat ik niet lieg, niks hoog te houden heb, kan niemand me ergens op pakken.

Hoewel ik me afvraag of dat nou wel waar is, dat ik niet lieg.

MAAK JE MOOI

'Het kan wel slecht met je gaan, maar ze hoeven het niet aan je te zien.' De moeder van een goede vriendin zegt het al jaren. Die vriendin van me zit regelmatig in de spreekwoordelijke hoek waar de klappen vallen (ze wóónt er haast) maar ziet er altijd prachtig uit. Goed gekleed, mooie make-up. En als ze shabby en onopgemaakt is, dan heeft ze nog altijd wel iets aan dat stoer is, of apart – in de goede zin van dat woord. Want het kan wel slecht met je gaan, maar ze hoeven het niet aan je te zien. Volgens mij is de gedachte erachter dat als 'ze het aan je kunnen zien' het einde zoek is. Dat de rampspoed dan onomkeerbaar is, zich eindeloos zal vermenigvuldigen, plaag na plaag, totdat het kikkers regent op je kinderen en je kindskinderen worden opgevreten door sprinkhanen. Zolang jij het niet toont, als het ware je innerlijke Supermanpak aanhoudt, ga je het gevecht nog aan. Voor wie zich vol overtuiging dwars door de ellende heen mooi maakt, is geen windmolen veilig en kan geen bierkaai rusten; hij of zij zal uiteindelijk overwinnen. Als je eenmaal in een joggingbroek naar buiten gaat – zonder sportief oogmerk – heb je het een beetje opgegeven.

Maar ja. Mij lukt het niet altijd me aan dit gebod te houden. Toch moet je het proberen, zegt ook Willeke Alberti: 'Je moet de buitenboel wel een beetje onderhouden, ook met het oog op de binnenboel. Maar ik zie altijd op ouwe foto's heel goed of ik gelukkig was, of heel verliefd. En als je ongelukkig bent, of in de rouw, dat is met schmink en botox niet weg te werken, hoor. Ik ben wel altijd van de make-up geweest. Nu is dat minder. Ik was bij de première van *Gooische Vrouwen 2* en dan kijkt iedereen, daarom heb ik er ook niet meer zo'n zin in. Het lijkt wel of je vee bent dat gekeurd moet worden. Maar ik blijf er altijd wel op letten. Dat ligt aan mijn moeder. Als ik de deur uit ging zei ze ook altijd dat ik schoon ondergoed aan moest hebben voor als ik een ongeluk kreeg en in het ziekenhuis terecht zou komen.'

Die andere diva, Anne-Wil Blankers dan, hoe doet zij dat? Zij ziet er jaar na jaar perfect uit – terwijl ze zich dat toch niet altijd zal hebben gevoeld. Is dat toeval, of heeft ze daarover nagedacht?

'Ik wil er verzorgd uitzien. Ger wil dat ook, anders vraagt hij of ik ziek ben. Heel, heel soms ga ik onverzorgd naar de supermarkt, maar ook dan smeer ik meestal toch wel iets op. Gewoon. Dat voelt beter.'

Maar heeft Anne-Wil nooit in haar joggingbroek langs het schoolplein gestaan?

'Ik héb geen joggingbroek.'

MAAK HERINNERINGEN

Nadat ik mijn eerste vriendje mijn familiefotoalbums had laten zien (een mijlpaal in elke prille relatie) vroeg hij: 'Hadden jullie echt altijd taart?'

Toen zag ik het zelf pas voor het eerst: op bijna alle foto's eten wij taart. Nou was de gewoonte in het pre-telefooncameratijdperk van de jaren 70 en 80 ook wel om alleen foto's te maken van verjaardagen en andere grote gebeurtenissen, maar die kwamen bij ons op de een of andere manier dan wel erg vaak voor. Alles werd gevierd, en die gewoonte heb ik gretig overgenomen. Ook al zie ik er soms tegenop: 'Komt er dan wel iemand?', 'Is na de housewarming niet gelijk alle latex van de muren gekrast?', 'Is veertig worden eigenlijk wel iets om te vieren?' Toch doen we het meestal wel, ook gestimuleerd door mijn geliefde.

Zij vindt haar eigen verjaardag altijd weer een beetje ingewikkeld, maar is stiekem wel zo'n fuifnummer dat ik laatst zelfs de kattenbak versierd aantrof in de keuken. Er hingen slingers aan, en een briefje om de poes te feliciteren met haar verjaardag. Dat zou dan leuk zijn voor de kinderen, maar die liepen er met een beleefd glimlachje langs: 'Ja, leuk ja. Had ik al gezien.' Ik vond het fantastisch. Heel erg stom, maar fantastisch.

Je moet herinneringen maken; al het andere vergaat. Dat kan natuurlijk ook door verre reizen, droomvakanties en parachutesprongen, maar ook het feit dat ik nu ergens in mijn hersenen het beeld heb opgeslagen van een versierde kattenbak, maakt dat ik al weer meer kans heb dat de film van mijn leven genoeg entertainment bevat. Zelfs al die etentjes van ooms en tantes die veertig jaar getrouwd zijn, ik ga ze naarmate ik ouder word steeds meer koesteren. De moeite van mensen uitnodigen, eten, drinken en een beetje lol geven, vind ik alsmaar waardevoller.

Misschien omdat ik een sentimenteel ei ben, misschien omdat het de mooiste manier is om het leven even uit zijn alledaagsheid te tillen. Te laten zien: kijk, we zijn samen. We leven. Fijn hè?

Dus vier zoveel mogelijk, ook de kleine dingen. Eens kijken of ik iets onder de kurk heb om te vieren dat we op de helft van het boek zijn. Proost!

DO BE DO BE DO

Op de muur naast mijn bureau hangt een foto van een verweerd, rood beschilderd bordje waarop staat:

'*To do is to be*' – Nietzsche
'*To be is to do*' – Kant
'*Do be do be do*' – Sinatra

Van deze drie komt Sinatra toch uiteindelijk als de wijste uit de bus, denk ik. Alle mannen en vrouwen die we spraken zeiden op enig moment in het gesprek: je bent wie je bent. Daar is niets aan te veranderen. Je moet jezelf ook niet willen veranderen, volgde daar vaak op, en de ander al helemáál niet.

Maar als je nou eenmaal bent wie je bent, waarom zit je dit boek dan te lezen? Als we helemaal niet veranderen, waarom zouden we dan nog iets willen horen over hoe een ander het leven heeft aangepakt? Je bent toch wie je bent?

Maar misschien ben je ook wel wat je doet. Hans Wiegel vertelt: 'Toen mijn eerste vrouw was overleden ben ik geloof ik een week of vijf niet op het ministerie geweest. Ik was toen minister van Binnenlandse Zaken. Totdat een staatssecretaris en mijn secretaris-generaal zeiden: je moet nu toch terugkomen voor een debat. Het kan niet anders. Het moet. En dat vond ik ook. Ik was eigenlijk ook wel blij dat ze het zeiden, zelf kwam ik er niet toe. Ik weet nog heel goed dat kamerleden naar me toe wilden komen voordat het debat begon, ze wilden me een hand geven, condoleren, even met me praten. Heel goed bedoeld allemaal, maar dat wou ik niet. Ik wilde eerst dat debat. Vondeling, die was toen kamervoorzitter, ik zal het ook nooit vergeten hoe hij keek, knikte en zei: hoeveel tijd denkt de minister nodig te hebben voor de schorsing? Is een halfuur, drie kwartier voldoende? Toen zei ik: president, ik zou graag de kamer onmiddellijk willen antwoorden. Dus ik heb, boem, meteen antwoord gegeven. En dat ging goed. Dus ik was klaar. Ik wilde dat iedereen kon zien dat de minister er weer was. Dat hoort er ook bij. Ik functioneer als minister van Binnenlandse Zaken. Die functie heb ik ook. Niet als iemand met verdriet.'

Terwijl hij dat natuurlijk wás; Hans Wiegel was op dat moment wel degelijk iemand met verdriet. Maar doordat hij deed wat hij deed, het debat aangaan, de kamer antwoorden zoals te doen gebruikelijk, was hij ook weer gewoon de minister.

Dit is natuurlijk heel groot en wezenlijk, maar in het klein werkt het ook. Mijn moeder stuurde me vroeger als ik zat te piekeren en me verveelde naar de Ifa, een piepklein dorpswinkeltje, voor een ons schouderham. Niet dat ze een ons schouderham nodig had, maar wel een kind dat úít haar gemijmer en ín het leven stapte. Dat stomme fietstochtje naar de Dorpsstraat, het praatje met die aardige mevrouw van de winkel en het minutenlange kijken naar de flinterdunne plakjes die zij van die enorme homp vlees uit de snijmachine wist te toveren (de Ifa blonk niet uit in snelle, maar wel in vriendelijke service) brachten mij terug in het hier en nu. Ik was een piekeraar, maar doordat ik deed wat een actief en behulpzaam kind doet, was ik dat ook. Je bent wat je doet.

Zo was Willeke Alberti in 1995 een vrouw van nét vijftig, met haar derde echtscheiding koud achter de rug. Verdrietig, alleen, zou je kunnen denken.

'Maar ik had altijd dat vak waar ik op terug kon vallen,' vertelt ze. 'Die keer in Carré, dat was zo ongelofelijk. We waren net uit elkaar, en Søren zat in de Koninklijke Loge, en ik zong daar, en ik wás er weer. Ik had mezelf weer terug.' Wie die versie van 'Telkens weer' (van het album *Willeke in Carré*) met droge ogen aan kan horen, heeft geen hart. Maar dat terzijde.

Do be do be do: je bént een vijftigjarige vrouw die, moe en verdrietig, teleurgesteld zou kunnen zijn in de liefde, je dóét je mooiste liedje in de prachtigste zaal van Nederland in je beste performance tot dan toe. Dan bén je dus ook een sterke, mooie, dolgelukkige diva.

Kortom, je kunt niet veranderen wie je bent, maar wel kiezen wat je doet – en dat is dan ook wie je bent. Als ik vanavond een fles rode wijn leegdrink en een pakje Marlboro lights wegpaf, ben ik een beetje anders dan wanneer ik na de quinoa nog een rondje ga wandelen. Als ik altijd aan de ander vraag 'hoe is het met jou?' en het antwoord daadwerkelijk afwacht, ben ik een aardiger iemand dan wanneer ik dat niet doe.

Je moet jezelf accepteren zoals je bent, zeggen ze. Maar ik zou zeggen: alleen die eigenschappen die je zelf acceptabel vindt. Voor de rest: doe er iets aan.

ZEG HET GEWOON

Ome Cor was de broer van mijn moeder. Ik zeg was, want hij is dood. Dat vind ik nog steeds verschrikkelijk. Ome Cor was een open, grappige, warme man die voor mij en mijn broer als een soort hulpvader functioneerde: als er geklust moest worden of er was iets anders praktisch, dan belden wij ome Cor. Die kwam dan, met een van zijn vele visvrienden, dagenlang bij je thuis om de parketvloer te leggen, onderwijl slechte liedjes zingend en dito grappen makend. Mijn vader was dan weer de hulpvader voor de dochters van ome Cor; als je een conflict had op je werk, of ruzie met je verkering, ging je naar mijn vader. 'Want ome Henk kan práten.'

Dat niet kunnen praten van ome Cor (of eigenlijk van de hele familie), daar heb ik een onverwachte goeie tik van mee gekregen. Onverwacht, niet voor mij, maar ik merk dat mensen van mij denken dat ik me makkelijk uitspreek. Dat ik geen moeite heb mijn diepste gevoelens te tonen.

Die mensen heb ik dan al jarenlang mooi voor de gek gehouden.

Als wij in de familie samen wilden zijn, maakte ome Cor een pan nasi of mijn moeder een schaal pilav en dan belden ze elkaar dat ze veel te veel hadden gemaakt, dus komen jullie vanavond lekker bij ons eten. Als mijn moeder een ruzie goed wilde maken toen ik op kamers woonde, kocht ze een stuk Leerdammer bij die goeie kaasboer uit het dorp en bakte ze een appeltaart. Als ome Cor wilde zeggen dat hij van me hield, maakte hij een pan (zogenaamd vegetarische) bruinebonensoep.

Ingrediënten vinden wij makkelijker dan woorden.

We zijn wel allemaal een beetje te dik, maar het is toch vaak een bevredigende manier van communiceren gebleken. Als je onvermogen maar goed kunt lezen, kom je eigenlijk niets tekort.

Maar. Toen werd ome Cor ziek. En ik wilde hem zo graag nog laten weten wat hij voor me betekende. Steeds als ik bij hem aan zijn bed zat, zocht ik naar woorden om uit te drukken dat hij meer dan zomaar een oom voor me was geweest, dat ik enorm van hem hield, dat ik voor het eerst van mijn leven niet het sterven zélf zo dramatisch vond, maar het feit dat juist híj stierf omdat ik hem helemaal niet kon missen.

Mijn woorden schoten steeds tekort. Alle pogingen het mooi te zeggen mislukten. Toen ik hem vertelde dat de tweede naam van mijn zoon 'Cornelis' is vanwege hem, zei hij alleen maar 'ja, dat wist ik wel', en waren we ook langs die route weer vastgelopen.

En toen kwam, natuurlijk, daar is-ie weer, toch nog onverwacht, de dag dat hij stierf. Wij waren in het huis van mijn oom en tante bij elkaar want 'het ging nu heel hard'. Mijn nichtjes, zijn dochters, waren zo ruimhartig om te zeggen: 'Ga nog maar even bij hem zitten hoor.'

Mijn ome Cor, die zijn hele leven flink had getobd met het nodige overgewicht, lag met ingevallen wangen in bed. Mager, bleek. Dicht bij de dood. Hij had moeite met ademhalen, iedere teug lucht die hij nam, ging gepaard met een hoog geluid, alsof hij na minutenlang duiken boven water kwam. Mijn nichtje lag naast hem en aaide hem over zijn buik, ik zat op de rand van het bed en gaf kusjes op zijn arm. Die was nog warm. Ik wist dat diezelfde arm nog deze dag koud zou zijn.

We keken elkaar aan.

Ik zei: 'Ik vind je gewoon zo lief.'

Hij gebruikte twee ademteugen na elkaar om te zeggen: 'Ik jou.'

En dat was het.

IF YOU WANT SOMEBODY, BACK OFF

Ik ben een *lousy* versierder. Ik kan er werkelijk helemaal niks van. Het mag een wonder heten dat er, zoals mijn oma het zo fijntjes kon uitdrukken 'überhaupt nog iets aan me is blijven hangen'. Sommige mensen weten hoe je de ander zo moet benaderen dat die als een blok voor je valt, trekken zich op tijd terug, laten op het juiste moment dan weer juist wel iets van zich horen, et cetera. Mij lukt dat niet. Mensen die ik heel leuk vind, maar niet om mee naar bed te gaan, krijgen ten onrechte de indruk dat ik op ze val omdat ik zo enthousiast ben. Van mensen met wie ik wél naar bed zou willen (dat worden er naarmate ik ouder word allengs minder, wat de fuck is dat voor verschijnsel?) denk ik altijd dat zij toch niet op mij vallen en gewoon uit beleefdheid doen wat ze doen – tot ze hun kleren uit hebben en je wel moet constateren: misschien bedoel je hier tóch wel iets mee.

Het hele spel, ik speel het voor geen meter. Als ik verliefd ben stuur ik brieven, cadeautjes en liedjes, zonder voorbehoud. Het kan maar duidelijk zijn. Ik hou van jou, je ziet maar wat jij voor mij voelt, maar ík hou in elk geval van jou. Dat is zo'n beetje mijn toon.

Hard to get kunnen we dit niet noemen.

Hard to get, kan Willeke Alberti dat goed? 'Ja, maar het is een spelletje. En ik ben dol op spelletjes, maar dit heb ik altijd moeilijk gevonden. Blijkbaar hoort het gewoon bij een relatie: aantrekken en afstoten. Ik vind het zo'n onzin.'

Mijn Britse vriendin Helen heeft het nooit over *hard to get* spelen, maar formuleerde het toen we elkaar twintig jaar geleden leerden kennen zo: 'If you want somebody, back off.' Ik was weer eens hopeloos verliefd en zij zag mijn gehannes, mijn altijd beschikbaar willen zijn voor mijn *objet d'amour* en vond dat ze moest ingrijpen. Weg bij die telefoon, niet meer op de afgesproken tijd in de kroeg opduiken, wegwezen. Ga iets voor jezelf doen. Moet jij eens opletten hoe snel het hartendiefje huilend op de stoep staat.

Het werkte. Als een dolle.

Daarna dook ik natuurlijk weer in mijn vertrouwde modus en wist ik de relatie alsnog efficiënt in de kiem te smoren, maar de les ben ik nooit vergeten: *if you want somebody, back off*.

En ik ben het er nog steeds mee eens. Niet als spelletje, maar inmiddels vanuit het inzicht dat je iemand ook te graag kunt willen en '*back off*' moet naar je eigen persoonlijkheid, je eigen werk, je eigen wereld. Als je het gevoel maar niet kwijtraakt dat je er voortdurend bovenop moet zitten omdat het anders niet goed komt; dan wordt het gewoon niet zo'n leuke relatie. 'If you love someone, set them free,' zong Sting al. En ik begrijp dat *set yourself free* lang niet zo lekker in het metrum past, maar dat moet er eigenlijk bij. *Back off*, af en toe. Moet jij eens opletten wat er gebeurt.

ALS HIJ MAAR LIEF VOOR JE IS

Dat zei mijn vader vroeger altijd. 'Het maakt niet uit met wat voor jongen je thuiskomt,' zei hij dan (aan een meisje had hij nog niet gedacht), 'het maakt niet uit, als hij maar lief voor je is. Dat is het belangrijkste.'

Jahaa, dacht ik dan.

En nog, vermoed ik, klinkt dit als een te grote open deur om nog eens in te trappen. Natuurlijk moet hij/zij lief zijn. Waarom zou ik anders verliefd zijn geworden, destijds, denk jij nu.

Maar! Jij dénkt misschien wel dat hij/zij lief voor je is, maar is dat niet iets van vroeger tijden? Of, zoals de grote filosofe Janet Jackson al zong: 'What have you done for me lately (oehoehoehoe yeah)?'

Wat het vanzelfsprekendst zou moeten zijn in relaties, zie je soms verdomd weinig: dat ze gewoon líéf zijn voor elkaar. De stellen die tegenover jou en je geliefde aan tafel zitten op van die avonden waarop je praat over de kinderen, democratie en ceviche maken, die stellen zijn soms echt niet lief voor elkaar. Ze overrulen elkaar, willen allebei het woord. Raken elkaar nauwelijks nog aan, zitten allebei regelmatig even op hun telefoon te kijken.

Ik overdrijf, de meeste stellen die we hier aan tafel krijgen, zijn wel lief voor elkaar. Maar je hébt ze erbij. Soms, dat is het allerergste, is de één nog wel lief, maar de ander niet meer. En die lieve blijft lief doen, want die denkt: vroeger was je ook lief voor me. Dus dat is wat je bent. Jij bent lief.

Het overkomt ons allemaal. Een relatie die overgaat, heeft achteraf altijd te lang geduurd. Later, pas veel later, als je al je 'eigenlijks' onder ogen durft te zien, zul je beseffen: die ander was gewoon niet lief voor me. Ik heb het gezocht in vakanties, in dure cadeaus, in diepe gesprekken en in therapie. Ik heb gepraat met vriendinnen, gezocht naar de oorzaak van onze relatieproblemen (bindingsangst? Oedipus? Anders, namelijk?) maar al die tijd had ik mezelf maar één vraag moeten stellen: is hij/zij lief voor me?

En ook: ben ik zelf eigenlijk nog wel lief?

EIGENLIJK WEET JE HET ALLEMAAL AL

'Achteraf,' zegt Hanneke Groenteman, 'achteraf denk je: ik wist het eigenlijk al. Toen al.' Ze pakt een kurkentrekker uit de la, de theepot maakt plaats voor de fles wijn. 'Alle keren dat je dacht "eigenlijk", over werk, over de liefde, vriendschappen, verhuizingen, al die keren dat je dacht "eigenlijk is dit misschien niet zo'n goed idee, maar laat ik maar doorzetten want" – en dan iets rationeels: achteraf had je toch meestal gelijk. Je moet goed luisteren naar je eigenlijk. Naar al je eigenlijks.'

Ik neem een slok, denk aan mijn eigenlijks in het verleden en besef dat Hanneke weleens gelijk zou kunnen hebben. Handelde zij altijd op tijd op al haar eigenlijks?

'Nou nee. Ik heb zoveel dingen gedaan waarvan ik later denk: dat had ik niet moeten doen. In de liefde bijvoorbeeld. Ik heb jaren...' Even pauzeert ze. 'Ik heb heel lieve mannen gehad hoor, maar als er eenmaal haarscheurtjes in een relatie komen, is het over. Dan helpt er geen Alabastine meer aan. Dan kun je nog zo graag willen dat het werkt, maar zodra je denkt "wat ruikt hij vies" is het kapot. Of als je denkt "eigenlijk vind ik het een snob". Het kleinste twijfeltje kan zich als een ebolavirus uitbreiden. Dan ploeter je soms nog heel lang door, maar eigenlijk weet je het al lang. Ernaar handelen is moeilijk, op het moment zelf. Het blijft achteraf, dat eigenlijk.'

Ook in werk werkt het zo, weet Hanneke. 'Eigenlijk had ik

nooit moeten stoppen met *De Plantage.*' Inderdaad. Daar ben ik het grondig mee eens. Het VPRO-kunstprogramma had nu nóg menig zondagmiddag opgefleurd.

'Na zeventien jaar radio gemaakt te hebben voor de VARA had ik zin in iets moeilijkers, in televisie. Iemand van de VPRO zei toen: ik heb een uurtje op zondagmiddag dat niemand wil hebben. Zo kreeg ik dat uur. Ik mocht het precies doen zoals ik het wilde, zonder streng meekijkende netmanagers. Maar ik hield er dus mee op, na een jaar of acht, negen. Ik had er genoeg van. Heel dom. Paul Witteman zei nog: niet ophouden als het goed loopt. Toen ben ik met Paul Haenen samen een programma gaan maken. Ik wilde verandering, maar het was een verkeerde beslissing. Ik had echt een *seven year itch*. En eigenlijk, achteraf, wist ik het. Maar ja.'

Eigenlijk weet je het, maar het is zo moeilijk om ernaar te handelen. Ook Geert Mak heeft er lang over gedaan, zegt hij, om te durven vertrouwen op dat 'eigenlijk': 'Intuïtie is iets heel geks, het is toch een diepe kennis die je in je hebt. En ook een diepe ervaring. Rationeel kan er nog zoveel vóór zijn, als er allerlei gevoelsmatige rode lichten gaan flikkeren... Ik zie het bij mezelf. Ik hou onregelmatig een dagboek bij en als ik er dan weleens in terugleees ben ik soms stomverbaasd. Dan blijkt dat ik iets vanaf het begin al feilloos doorhad. Uiteindelijk heb ik er vier jaar mee rond gesukkeld terwijl ik toen al had moeten stoppen.'

Mietsie, Geerts echtgenote, vraagt: 'Heb je het dan over situaties of over mensen?'

Geert: 'Beide. Ik heb langzaam geleerd in mijn leven om op mijn intuïtie te vertrouwen als het om mensen gaat. Vroeger dacht ik: ik moet mensen eerst leren kennen, en dan deed je altijd weer je best. Uiteindelijk is je intuïtie vaak goed. Eigenlijk wist je het al.'

Eigenlijk wist je het al, maar wat heb je daaraan, achteraf? Misschien dit: nu ik al mijn eigenlijks achteraf herken, durf ik iets meer te vertrouwen op 'eigenlijk' vooraf. Als dat zo doorgaat hoef je uiteindelijk helemaal niks meer te doen wat je eigenlijk niet wilt – zo rond je honderdtwintigste waarschijnlijk.

ZORG DAT HET THUIS GOED GEREGELD IS

Een van de redenen dat ik Anne-Wil Blankers heel graag wilde spreken voor dit boek is dat zij, mét zo'n intensief gezin, haar carrière zo spetterend succesvol en stabiel heeft weten te krijgen. Het gekke is: juist doordat ik haar bewonder omdat ze zichzelf nooit heeft gereduceerd tot 'moeder van' of 'vrouw met zorgen' dreig ik dat alsnog te doen. Haar bevragen over hoe ze het toch allemaal maar zo knap heeft volgehouden, voelt alsof ik haar wegzet als iemand die ze nooit heeft willen zijn – en nooit is geweest.

Maar ze vindt het oké, en ze heeft wijze lessen over hoe dat moet, een gezin hebben en een carrière.

Eerst moet ik zelf maar eens met de billen bloot: ik vind het soms lastig, meer dan ik van tevoren had gedacht eigenlijk, om werk te combineren met kinderen. Ik moeder graag en heb snel het gevoel dat ik dat te weinig kan doen – terwijl ik in verhouding met andere ouders eigenlijk al heel veel thuis ben. Toch kan ik wel in de kleedkamer lopen balen als ik ze die avond niet op bed kan leggen. Ik zou het liefste én fulltime willen moederen, én fulltime willen touren. Wat natuurlijk ook niet echt waar is, maar je begrijpt...

Anne-Wil vertelt dat zij zichzelf altijd heeft toegestaan om los te laten. 'Ger is redelijk veel thuis geweest op de tijden dat ik weg was. En we hebben vanaf het begin een meisje voor dag en nacht gehad, dat helemaal als een tweede moeder voor de kinderen zorgde. We hebben er drie of vier gehad in die zestien jaar, mijn zusje op de eerste plaats. Dus ik wist dat mijn kinderen in goede handen waren. Bovendien, als ik thuis was dan was ik ook echt thuis met de kinderen bezig en niet met soppen en nog zo wat. Die meisjes verdienden mijn nettoloon destijds, maar we wilden het zo. We wilden het goed regelen en ik dacht: het wordt later wel een beetje aardiger.'

Prettig geregeld. Dus dat is de sleutel?

'Ja, ik vond dat heel belangrijk. Als je het goed hebt geregeld dan heb je rust. Moet je je telkens haasten, heb je vijf oppassen, dan komt de onrust en ga je je schuldig voelen.'

En schuldgevoel *sucks*. Bovendien heeft het helemaal geen zin, zegt Erica Terpstra: 'Toen de jongens klein waren werd ik gevraagd om kamerlid te worden. Dat werd een beetje vergoelijkt, zo van: je woont vlakbij de kamer en de kamer heeft alleen op dinsdag, woensdag en donderdag zitting. Jaap, mijn toenmalige echtgenoot, vond dat ik het absoluut moest doen. Hij zei: en als het niet lukt dan hou je er gewoon mee op. Nou, zo werkt het dus niet.'

Op mijn verbaasde 'o nee?' roept Erica: 'Nee joh! Je kunt niet zomaar ophouden met iets waar je aan begonnen bent. Sterker nog, als je terug zou gaan ben je niet meer degene die je was voordat je eraan begon. Uiteindelijk is dat een misrekening van ons geweest. Ik kwam ook al redelijk snel tot de conclusie dat het geen zin heeft om je schuldig te voelen. Het leidt nergens toe. Het is een hele negatieve kracht.'

Tsja. Dat heb ik ook wel eens gelezen in de *Happinez*, maar het is wel een verdomd sterke kracht. Hoe pareer je dat schuldgevoel dan, Erica Terpstra?

'Je probeert het tegendeel te doen. Je heel trots en gelukkig voelen als je een keer een mooi moment hebt weten te creëren.

Dat je een keer in je agenda plant dat je thuis bent als de jongens thuis lunchen. Of dat je 's middags klaarzit met een kopje thee. Al was dat binnen de kortste keren een enorme teleurstelling. Dan had ik me vrijgemaakt, kwamen de jongens thuis en zeiden ze: ha mam, ben je d'r? Leuk, een kopje thee. Kom, we gaan weer! En dan waren ze weg. Heel geestig.'

Kortom. Voel je dus niet schuldig. Maar dat is makkelijker gezegd dan gedaan. Misschien ook omdat onze generatie wel heel veel van zichzelf verwacht, vindt Hedy d'Ancona: 'Al die vrouwen nu zijn zo druk. Alles moet goed geregeld zijn en als er één ding misgaat, valt het hele kaartenhuis in elkaar. Jongere vrouwen, dus de vriendinnen van mijn dochters, vragen aan mij: hoe deed je dat vroeger? Want ik was gescheiden, had kinderen en een baan. Ik flodderde maar een beetje aan, zeg ik dan. Jullie zijn zo perfectionistisch. Jullie moeten ook nog eens heel goed kunnen koken. En jullie gaan naar de sportschool als je anderhalf ons aankomt. Dat kost allemaal tijd. En die kinderen doen zoveel, ze hebben het drukker dan mijn kinderen het hadden.'

Had Hedy niet het gevoel dat ze van alles moest, in die spitsjaren?

'Ik denk het niet. Wij streefden niet naar perfectie in alle afzonderlijke dingen. Mijn tijd was echt minder *stressy*. Ik werkte lang op de universiteit en daar werden niet zulke productie-eisen gesteld als nu – zoveel artikelen per jaar en dan ook nog in buitenlandse tijdschriften. En denk ook maar niet dat we om halfnegen het gebouw binnenstapten. Dat kon ook wel een uurtje later. Eenmaal binnen ging je eerst nog de krant lezen en het leven bespreken.'

Waar zou dat dan toch vandaan komen, dat wij cupcakes moeten kunnen bakken en goed moeten zijn in ons vak? Hoe zou dat zijn gekomen?

Hedy mijmert even en zegt dan: 'In de jaren 70 was de sfeer

bedaarder. En daarbij, in bepaalde kringen werd meer van vrouwen geaccepteerd dan nu. Als je toen zei: vergaderen doen we van 17.00 tot 20.00 uur, nou dan ging er een protest op! Spitsuur in het gezin, doe niet zo gek! Nu is dat gewoon. Het heeft ook met de economie te maken. Bazen kunnen nu makkelijker eisen stellen. Voor jou tien anderen.'

Dat schuldgevoel, je verscheurd voelen tussen thuis en werk, ik geloof toch dat ik daar meer vrouwen mee zie worstelen dan mannen. Paul van Vliet, die zijn leven lang heeft getourd, wat denkt hij er eigenlijk van?

'Ik heb geen eigen kinderen, en misschien is het ook anders voor een stiefvader. Ik heb me met volle overgave op mijn werk gestort. Alles stond in dienst daarvan. Totdat ik me een keer op een reis van Holland naar Italië realiseerde: god, het vak heeft wel erg veel voorrang gekregen. Dat is versterkt door een nieroperatie die ik daarna moest ondergaan. Ik heb toen zoveel liefde en aandacht gekregen – zeker van mijn familie en vrienden. Ik realiseerde me dat ik hier verdomme wel eens wat zuiniger op mag zijn. Dat is een keerpunt geweest. Vanaf dat moment heb ik mijn aandacht beter kunnen verdelen.'

Paul vertelt verder. 'Ik heb me misschien, los van het vak, ook erg teruggetrokken omdat de kinderen al een vader hadden. Die wilde ik niet in de weg zitten. Achteraf heb ik daar spijt van. Ik heb te weinig geïnvesteerd in die kinderen toen. Ik had best een deel van die rol kunnen overnemen. Had niemand gek gevonden. Ook de vader niet. Ik had best Franse woordjes kunnen stampen. Heb ik nooit gedaan. Ik heb ze nooit overhoord. Ik heb ze nooit naar school gebracht. Ja. Later. Toen wel. Op de middelbare school kon ik ze helpen met de vakken waar ik, zeg maar, goed in was, Nederlandse taal en geschiedenis. Ze konden alles aan me vragen. Ze zeiden: "Paul weet alles." Dat denken de kleinkinderen nu ook. Ik heb Noa, mijn kleindochter, nog wel eens anderhalf uur aan de lijn gehad voor haar eindexamen. Op dat soort momenten dacht ik wel: godsamme, dat had je eerder moeten doen, jongen. Ik heb toch een beetje mijn eigen leven geleefd. Ik dacht: ze leven bij mij, ze mogen alles. Ze doen spannende dingen. Ik neem ze mee naar Carré en dan heb ik toch een mooi gebaar gemaakt. Maar eigenlijk is het niets, ik hoefde alleen te zeggen: er komen twintig tieners vanavond, mogen die op de galerij zitten? Dat is te weinig. Je moet investeren.'

De balans tussen werk en privé, het is ook voor de generatie zeventigplus een zoektocht geweest. Zoals Paul van Vliet moest leren dat er ook nog wat aandacht naar het privéleven moest naast het vak, sloeg Willeke Alberti door de andere kant op. Althans, in tweede instantie: 'Mijn eerste huwelijk ging stuk, dacht ik, omdat ik was blijven werken. Joop was een van de eerste huisvaders. Dat was achteraf helemaal niet de reden, maar ik dacht dat en ik wilde het de tweede keer voorkomen. Ik vind ook, als de kinderen klein zijn dan moet je er zijn. Of de een, of de ander is er. Dus op het hoogtepunt van mijn carrière, dat was na *De kleine Waarheid* en na *Rooie Sien*, heb ik alles opgegeven toen ik met John trouwde. Het enige wat ik deed was één keer in de maand bij Willem Ruis in het panel. Ik dacht: ik geef alles op dus nu móét het goed gaan. Maar goed, dat huwelijk strandde ook. En zo kwam ik erachter dat wel of niet werken niets te maken heeft met het slagen van een relatie.'

Of de een, of de ander is er. Zo hebben wij het thuis nu kunnen regelen, maar ik realiseer me dat dat een luxepositie is. Veel ouders om me heen moeten redderen met buitenschoolse opvang en andere alternatieven – die overigens ook prima werken. Het is ook wel de omgekeerde wereld, dat geneuzel van mij; normaal gesproken zeurt een kind omdat zijn ouders te veel werken, ik zeur als ik mijn kinderen te weinig meemaak. Een raar verlangen is het, waarschijnlijk aangewakkerd doordat ik het ouderschap moet (mag! mag!) delen met mijn partner, maar ook mijn ex-partner én haar partner.

Laatst, toen mijn zoon 's nachts nog een glaasje water wilde, zei hij melodramatisch: 'Ik heb zo'n een dorst.' Zo spreekt hij dat uit: zonendorst. Ja, dacht ik, dat is het. Af en toe, als ik ze te weinig om me heen heb, die jongens, dan krijg ik zonendorst. Wat geluk is, welbeschouwd.

DOE IETS WAT JE LEUK VINDT, EN WAT JE GOED KAN

Als klein meisje was ik fan van Mies Bouwman. En van Willem Ruis, en van Sonja Barend, en van Paul de Leeuw – ik wilde ze stuk voor stuk later worden. Minstens zo'n bewonderaar was ik van Herman van Veen, Jasperina de Jong, Paul van Vliet, Brigitte Kaandorp en de andere theatergoden, dus die wilde ik later óók worden. Misschien nog wel liever.

Van de schuifdeuren thuis ging ik naar het schooltoneel, van de lokale omroep naar Hilversum, stapje voor stapje kwam ik dichter bij de wereld waar ik als meisje over fantaseerde. Theater en televisie wisselden elkaar af, soms lukte er iets en ik droomde van mijn voorstelling in Carré en van een grote, eigen televisieshow op de zaterdagavond. Carré lukte, uiteindelijk. En die zaterdagavondtelevisieshow zou ook gaan lukken, nog maar heel kort geleden. Alles stond gepland: de omroep was akkoord, de zender was akkoord, zeg jij maar waar en wanneer je wilt opnemen.

En toen begon het grote wakker liggen. Een paar bezwete kussens later wist ik: dat tv-programma, dat is een geit. Eigenlijk wíl ik het niet. Ik moet die geit wegdoen.

Dat deed ik, en er werden mensen boos en verdrietig. Nee zeggen is heel lastig, zeker tegen iets wat je zelf hebt geïnitieerd en waar andere mensen, aangestoken door jouw enthousiasme, hun best voor hebben gedaan. Maar ja. Beter ten halve gekeerd dan ten hele gedwaald, en als je echt eerlijk bent ('Sorry, ik ben een lul, ik had dit veel eerder moeten bedenken, maar ik kom nu pas tot het inzicht, sorrysorry, had ik al gezegd dat ik een lul ben?') vergeven mensen je je stommigheid ook wel weer. Hoop ik.

De fout die ik had gemaakt, is dat ik wel dénk dat ik tv-maken heel leuk vind, maar dat is maar een heel klein beetje waar. Dat is een restje van een oud idee waar ik zelf jarenlang in ben blijven geloven. De ervaring leerde me iets anders: ik vind tv-maken heel leuk, als het maar snel klaar is. Live, aanschuiven, bam. Of een project, keer of twee, drie iets maken, en weg. De discipline die iemand als Matthijs van Nieuwkerk, Paul de Leeuw of Arjen Lubach opbrengt om echt voor je televisieprogramma te leven – die zit er helemaal niet op. Dat voel ik bij heel andere dingen – zoals, ja toch, het theater.

Een vriendin van me droomde haar hele leven van De Grote Roman die ze nog eens zou gaan schrijven. O man, als dat lukte, dan telde ze pas echt mee, vond ze. In de tussentijd werd ze succesvol in honderd andere dingen, zo succesvol en een beetje beroemd ook nog, dat ze laatst zei: 'Die roman, het maakt eigenlijk geen zak uit of die er ooit nog komt. Dit vind ik leuk. Hier ben ik goed in.'

Haar uitspraak zet me direct terug op de bank bij Nico ter Linden, die gravend in zijn aantekeningen zei: 'Levenslessen hè? Een van de dingen die ik meteen opschreef toen ik jullie brief kreeg is deze, die vond ik heel slim van mijn schoonzoon. Hun zoon is een jaar of zeventien. Zo'n jongen die zich afvraagt 'wat moet ik met mijn leven?' en 'hoe kies je nou het juiste vak?' Toen gaf mijn schoonzoon – hij is zelf gepromoveerd in de geneeskunde maar zit nu heel ergens anders, zo'n grillige weg – hem een verdomd slim antwoord. Simpel, maar dat is wijsheid meestal. Hij zei: je moet iets gaan doen wat je leuk vindt en wat je goed kan. Dat vond ik zo mooi! Hij begon niet over geld, niet over aanzien. Wat je niet goed kan, moet je niet doen en wat je niet leuk vindt, moet je ook niet doen, want daar word je ongelukkig van. Het is uiterst simpel. Dat had hij zo paraat. Mooi vader-en-zoonmoment toch?'

Zeker, Nico. Je moet iets doen wat je leuk vindt en wat je goed kan. Het ligt zo verschrikkelijk voor de hand dat je je haast niet voor kunt stellen dat zó weinig mensen het ook daadwerkelijk doen.

ZEG WAT JE WILT, ANDERS KUN JE OOK NIET KRIJGEN WAT JE WILT

Mensen behandelen je zoals ze zelf behandeld willen worden, heb ik eens geleerd. Ik dacht dat je dat ook om kon draaien. Dat als jij mensen op een bepaalde manier behandelt, zij ook snappen wat jij zelf fijn vindt. Je zou kunnen denken dat ze dus bijvoorbeeld ook allemaal gaan vragen hoe het met jou gaat als jij altijd vragen stelt aan hen, maar helaas. Niet iedereen pikt die signalen op.

Zo ken ik iemand die als jong meisje altijd al liep te helpen, op verjaardagen, bij etentjes, zij stond in de keuken of liep met een schaal hapjes rond. In plaats van in te zien dat ze dat deed om op een bepaalde manier liefde te geven en gezien te worden, zei haar vader trots: 'Als ze maar kan zorgen, hè. Dat vindt ze fijn.'

Dat iemand je zo behandelt omdat ze zelf ook op een bepaalde manier behandeld wil worden, komt niet in iedereen op. Ook deze vader bedoelde het niet rot, hij kwam gewoon niet op een andere gedachte dan deze. Veel mensen denken: jij doet dit, dus dat zal je dan wel willen doen, in plaats van: jij doet dit, misschien wel voor mij. Dus zeg wat je wilt. Het maakt het leven zoveel makkelijker.

ALS JE OUD BENT, BLIJFT ALLES HETZELFDE. EN IS ALLES ANDERS

Als ik later echt oud ben, lees ik dit boek nog eens door en denk ik: 'wat wist jij er nou helemaal van? You didn't know shit, girl! Nothin!' (als ik bejaard ben praat ik namelijk heel gaaf en alleen nog maar in straattaal) want veertig is welbeschouwd ook net niks natuurlijk, als het om levenservaring gaat.

De vraag ligt dus bij de wijze oude mannen en vrouwen. Oud zijn. Hoe is dat? Komt dat moment waar ik al jaren op hoop, dat moment dat je het ineens doorhebt, allemaal?

Ja, zegt Hanneke Groenteman. 'Natuurlijk komt dat. Ik herinner me dat ik op autorijles zat toen ik twintig, eenentwintig was. En ik weet nog heel precies dat ik dacht: iedere mongool kan het, maar ik ga dit nooit leren. Maar als je het eenmaal kan, dan is het haast niet meer te ontrafelen wat je allemaal zo moeilijk vond. Dan heb je het ineens geïnternaliseerd, al dat sturen, schakelen en spiegelen. Ik denk dat het met het leven, om het tuttig te zeggen, ook zo werkt. Je strompelt van gebeurtenis naar gebeurtenis en op een gegeven moment heb je de tools om tegenslagen een beetje het hoofd te bieden.'

Het leven als autorijles waarin je alle situaties op een gegeven moment wel kent en dus aankunt. Geruststellend, wel.

Paul van Vliet, inmiddels tachtig, begeeft zich nog altijd speels in het leven – en in de auto: 'Als ik van Groningen naar huis rij, speel ik dat ik in een grote autorally zit. En op de achtste plaats zit en opruk. In Zwolle heb ik er drie achter me gelaten en in Amersfoort zit ik bijna aan kop.'

'Dit doe jij ook!' roept Jessica ineens uit, die tijdens onze interviews veel meer dan ik de serieuze zaken als 'de lijn van het gesprek' in de gaten houdt, en of de recorder nog wel loopt. 'Dit doet Claudia ook, Paul! Zit ze op de fiets en dan denkt ze dat ze ineens door een ploegleider wordt ontdekt die haar in de Tour de France wil neerzetten, want als je zo hard kan op een damesfiets, nou... Waarom doe je dat?' vraagt ze aan Paul, ik vermoed in de hoop ook mijn afwijking beter te begrijpen.

'Gewoon om mezelf te vermaken,' zegt Paul. 'Ik doe het ook bij alles wat ik op tv zie. Dan word ik de linkerspits. Of de presentator, of de dominee in de kerk die preekt voor de gemeente. Ik ga heel snel in de rol van wat ik zie. Wat soms ook weer ingewikkeld is, omdat ik mezelf daarin kan kwijtraken. Dan ga ik te veel in iets mee, en moet ik mezelf weer herstellen, omdat ik het me allemaal iets te intens had voorgesteld.'

'Ook in het dagelijks leven?' vraag ik kleintjes.

'Ja.'

'Dat gaat dus niet over?' vraagt Jessica, licht bezorgd.

'Nee. Dat blijft. Maar zoals het met al je valkuilen is, je herkent ze sneller. Je hebt allemaal een aantal standaardvalkuilen en die leer je eerder herkennen als je ouder wordt, maar de valkuilen zelf blijven liggen. Je trapt er minder vaak in, dat is dan wel weer een voordeel van ouder worden.'

Dat is een beetje als de autorijles van Hanneke. Je komt alles een keertje tegen en kunt ermee omgaan. Maar het blijft lastig, merk ik aan alle geïnterviewden. En daardoor betrap ik me tijdens onze gesprekken op een vooroordeel. Ik dacht dat het als je ouder bent allemaal kalmer werd, in vriendschappen, in liefde. Maar alle zeventigplussers vertellen – vaak liever off the record omdat alles dus nog even gevoelig ligt, hoe oud je ook bent –

over ruzies en gedoe waar ze nog altijd ouderwets van wakker kunnen liggen. Ik dacht echt, realiseer ik me nu, dat het allemaal niet zoveel meer uitmaakt als je ouder wordt.

Dat denk ik nu niet meer.

'Nou ja,' zegt Paul van Vliet, 'je hebt wel een hoop mensen die wel rustig zijn en alles op orde hebben. Alles in nette mappen voor wat er moet gebeuren als ze dood zijn. Daar kan ik wel eens onrustig van worden. Al die spullen hier en in het huis in Frankrijk. Op een gegeven moment is dit hier allemaal weg. Nu genieten we er nog van. Dat moet ook, maar misschien is het toch ook tijd om te beginnen met opruimen. Het is raar dat de tijd afzienbaar wordt. De toekomst is niet meer oeverloos.'

Oeverloos. Voel ik dat, nu ik veertig ben? Ik vrees dat ik het leven nu al als minder oeverloos ervaar dan toen ik dertig was. Dat heeft ook te maken met kinderen krijgen, concluderen we samen. Alsof er een wekker is afgegaan. Je ziet zo'n kleine gozer en realiseert je: ik ben dus ook al weer zeven jaar moeder. En straks acht, veertien, veertig, hopelijk honderd.

'Daar kan ik nog wel eens naar terugverlangen,' mijmert Paul. 'Naar de oeverloosheid. Toen de toekomst nog onbelast was. Het wereldnieuws komt ook harder binnen nu ik ouder ben. Er is ook zoveel nieuws. En de informatie die komt, is niet vrolijk. Ik kan bijvoorbeeld heel slecht tegen die puinhopen in Syrië en Oekraïne. Wat kapotgaat, komt harder binnen en dat hangt samen met het besef dat ik zelf ook kapotga.'

Als ik Erica Terpstra vertel over dit inzicht van Paul van Vliet zegt zij: 'Dat herken ik wel. Nee, ik had het ook nooit gedacht toen ik jonger was, maar het komt allemaal steeds harder binnen. Het lijkt wel alsof je een groter hart krijgt voor meer dingen om je heen dan alleen je eigen beperkte wereld.' Zelfs Erica dus, dat verbaast me. Haar ook, dat ze niet de enige is: 'Goh, heeft

Paul van Vliet dat ook?' zegt ze. En dan, zoals alleen Erica dat kan zeggen: 'Wat leuk.'

Is Erica dan ook wel eens helemaal van het padje, radeloos, hopeloos? vraag ik. Nu sla ik door, vindt ze. Radeloos, welnee. 'Ik kan me wel herpakken, denk ik. Hoewel het moeilijker gaat nu je ouder wordt.' En dan, lachend: 'Hoe vind je dát?'

Eh... jammer, eigenlijk. Ik dacht dat het allemaal makkelijker zou worden. Dat je op een gegeven moment in je leven dat zoekende kwijt bent. Maar Erica, Paul en alle anderen maken duidelijk: het blijft gewoon. De akkefietjes en de twijfels en de conflicten.

'Maar dat is ook omdat je je kalenderleeftijd niet bént,' zegt Erica. Je bent gewoon de leeftijdsloze ik. Die punten die belangrijk waren toen je twintig was, zijn net zo belangrijk als je zeventig bent. Het is raar dat wij in onze cultuur zo'n waarde hechten aan onze kalenderleeftijd. We hebben dat aan alle kanten vastgelegd in wetgeving, maar een kalenderleeftijd heeft als criterium nooit zo weinig betekend als nu. Ik ken stokoude veertigers en ik ken piepjonge tachtigers.'

Terug naar Hanneke. 'Het is de bedoeling in het leven dat je groeit,' zegt ze. 'Ik denk dat je steeds meer ervaring als lesjes hebt. Op een gegeven moment heb je een opleiding van je leven. Die heb ik nog niet afgerond, want ik ben nog niet aan het eind. Ik hoop dat als ik doodga, ik denk: er zijn een hoop dingen fout gegaan, maar uiteindelijk is de balans goed. Ik geloof dat ik nu al een stuk beter in mijn vel zit dan jaren geleden. Ik denk dat ik milder en aangenamer ben om mee om te gaan. Alhoewel gisteren iemand nog tegen me zei dat ik een boze uitstraling heb.'

Kortom: alles verandert, en alles blijft hetzelfde.

JE MOET HELEMAAL NIKS

Veel lessen in dit boek beginnen met 'Je moet...' maar deze geldt natuurlijk boven alle andere: je moet helemaal niks. (Alsof ik in een zweterig wijkgebouwtje assertiviteitscursus zit te geven, hè? 'Zeg me allemaal na: "Ik moet helemaal niks." Zeg me na! Nu!')

Of, zoals Willeke Alberti het formuleert: 'Je moet gewoon je eigen keuzes maken. Altijd.' Ja, Willeke. Zelfs leuke, lieve, aardige Willeke van wie iedereen houdt, zegt: maak vooral je eigen keuzes. Trek je niks aan van wat een ander het beste vindt voor jou.

Heeft Willeke dan geen keuze gemaakt in haar carrière waarvan ze achteraf dacht: dat had ik niet moeten doen?, vraag ik haar verbaasd. 'Nee,' zegt ze. Haar sjaal past prachtig bij de kussens op de bank. 'Ik maak altijd hele goeie keuzes. Ik moest toen kiezen tussen Wim Sonneveld en *De Kleine Waarheid*. Dat laatste was een televisieserie die heel groot is geworden, maar dat wisten we toen nog niet. Mijn vader wilde heel graag dat ik Sonneveld deed. Toch koos ik voor *De Waarheid*. Ik was vierentwintig. Ja, heel jong. Maar die beslissing nam ik zelf. Ik heet Willetje. Ik heb wel een willetje. Ik wist wat ik wilde en ik was daar heel fanatiek in.'

Ingaan tegen wat je ouders je adviseren, je eigen beslissingen nemen, dat is nogal een dingetje. Toen ik na twee jaar doelloos gehang op de universiteit stopte met studeren zei mijn moeder:

hier krijg je spijt van, Claudia. Dat klinkt misschien niet heel indrukwekkend, maar als mijn moeder dat zegt komt het zo'n beetje over als wanneer de oude tovenaar Gandalf in *The Lord of the Rings* tegen dat monster zegt: 'You shall not pass!' Een uitspraak die je niet tegenspreekt, zeg maar. Toch stopte ik met studeren, ging werken en daar heb ik, tot op de dag van vandaag, nog nooit een seconde spijt van gehad.

'Je moet je nooit laten leiden door wat anderen van je verwachten,' zegt Anne-Wil Blankers. Mooie, zachte, stijlvolle Anne-Wil Blankers, ja. Net als die mooie, zachte, stijlvolle Willeke Alberti is ze altijd volledig haar eigen weg gegaan. (Dus lieve vrouwen en mannen die bang zijn dat mensen je niet meer aardig zullen vinden als je je eigen keuzes maakt: Anne-Wil en Willeke doen het ook! En iedereen vindt hen aardig!)

Anne-Wil vertelt: 'Bij de Haagse Comedie kreeg ik van Paul Steenbergen de ene mooie grote rol na de andere, maar ik wilde gewoon eens buiten de deur kijken om te zien wat andere acteurs en regisseurs met je deden. En ook om eens uit die vertrouwde en beschermde omgeving weg te zijn. Dus ik zei: ik kom wel weer terug, maar nu ga ik *Electra* doen, bij het Publiekstheater.' (Voor wie geen toneel kijkt: de hoofdrol in de tragedie *Rouw siert Electra*. Niet dat je denkt dat Anne-Wil conciërge wilde worden bij een concurrerend gezelschap.)

Maar vond je het dan niet erg dat ze je even minder aardig vonden bij de Haagse Comedie?, vraag ik. 'Nee,' antwoordt Anne-Wil alsof ze het achter in de zaal ook moeten kunnen verstaan. 'Ik wilde het gewoon. Het was even doorbijten. En ik was toch niet zo'n flinke juf, hoor. Maar daar was ik heel zeker in. Met Ton Lutz speelde ik *Electra*, dus dat was ook niet de minste. Ik wilde dat. Het was een kans om iets heel groots aan te pakken. O, het is zo'n mooie complete rol, *Electra*. Ze liep in vodden, afgeknipt haar. Ik had in Den Haag heel veel geciviliseerde dames gespeeld en toen dacht ik: hier moet ik mijn tanden maar eens in zetten. Ik vond het meesterlijk. Dat heeft zoiets anders bij me naar boven gehaald. Het was ook meteen mijn eerste Theo d'Or. En dat vond Paul Steenbergen ook niet leuk, dat ik die buiten de deur kreeg. Maar goed, zo is het gebeurd.'

De jonge Anne-Wil Blankers was opgeleid als secretaresse maar schreef zich, vanuit een hoogst eigen, heimelijke wens, in voor de toneelschool in Maastricht – en werd tot haar eigen verrassing aangenomen.

Als je secretaresse was geworden, hè... begin ik.

'Was ik al,' onderbreekt ze me.

Zou je dan veel minder gelukkig zijn geweest, denk je?

Anne-Wil zwijgt lang, langer dan op enig ander moment van ons gesprek.

'Ja,' zegt ze dan. 'Absoluut. Mijn vak heeft me heel erg gelukkig gemaakt.'

Kortom: maak je eigen keuzes.

ALLES GAAT KAPOT

Als er een te mooie vrouw bij een heel suffe kerel staat, of andersom, dan valt (in mijn wereld) regelmatig de quote: 'Alles kan kapot.' Daar mag dan een onbetrouwbaar glimlachje bij. Of eigenlijk moet dat. Zo'n blik die zegt: deze man of vrouw zou ook nog wel eens bij mij kunnen horen. Je kunt geen stel bij elkaar zetten – zo leuk, zo verliefd, zo complementair en misselijkmakend gelukkig – of het kan ook uit elkaar. Alles kan kapot.

Love on the rocks, we all know the song.

'Alles kan kapot' is niet aardig, maar er zit nog wel een zekere levenslust in.

Dat kunnen we van 'alles gaat kapot' niet zeggen. Paul van Vliet zei het, en hij schrok er zelf van. Het was een compleet nieuw inzicht, en het was hem pas kort geleden overkomen.

Nippend aan een witte wijn vertelt hij: 'Lidewij stond naakt in de badkamer en ik zei dat ik haar mooi vond. En haar antwoord was: ja, en dit gaat allemaal kapot. Weet je wel? Ze keek zo naar haar lichaam, zonder boosheid of zo, en ze zei: dit gaat allemaal een keer kapot. En dat is natuurlijk zo, realiseerde ik me toen pas goed. We gaan allemaal naar de gossiemijne een keer. Ineens kwam het binnen. Alles gaat kapot.'

Als je tachtig bent, verrast het je nog steeds. Laat staan als je veertig bent. Je wéét het wel, maar je bent er eigenlijk niet op gebouwd, je bent gebouwd op celdeling, vooruitgang, groei. Al die pezen, spieren, vetrolletjes, die botten, dat harde, sterke skelet zelfs, alles is maar bezig met groeien, vanaf het eerste pulseren in de baarmoeder tot de laatste adem is het bezig te leven, wondjes te helen, haren, nagels, alles te laten groeien. 'En dat gaat allemaal naar de gossiemijne, een keer,' zegt Paul van Vliet.

Wat de troostende levensles is in dezen, vraag je je af. (Ik tenminste wel.) Misschien dit: als het toch allemaal naar de gossiemijne gaat, waarom dan zo bang zijn, de hele tijd?

Waarom nog angstige blikken op die bikini in een paskamerspiegel? Waarom waxinelichtjes in plaats van het grote licht in de slaapkamer? Waarom geen luid orgasme in de boomgaard bij het vakantiehuisje als de buren het kunnen horen – ik sla door. Maar je begrijpt: alles gaat kapot. Zolang het nog heel is, doe er iets mee.

NIETS GAAT VERLOREN

We kenden elkaar niet, toch voelde het als een intiem gezelschap. Een man of honderd, misschien meer, bij elkaar verenigd in een ouwe kerk rond een blauwe kist. Daarnaast stond een foto van de man die ons hier samen had gebracht.

Zijn vrienden speechten, er klonk muziek die veel voor hem had betekend. Zijn zoons spraken – onze harten braken – en zijn vrouw vertelde dat zijn laatste uren goed waren geweest, hij was gestorven met een glimlach.

De man heette Thé Lau, hij was schrijver en muzikant. Thuis herlas ik zijn laatste boek en draaide zijn muziek. Ik kon niet anders dan bewegen. Het blije, boze dansen dat ik deed toen ik als puber deze muziek ontdekte. (Ja, ik was alleen thuis.) Die lekkere drift die alleen goede muziek los kan maken, een gevoel dat raakt aan agressie, maar liefde is. Pure energie. Levensdrift.

Doordat Thé, die niet meer leeft, eens iets heeft verzonnen in tekst en muziek, doordat hij zijn handen langs een gitaarhals bewoog en sloeg tegen de snaren, een pen op het papier drukte, iets zag, iets dacht en opschreef, voel ik nu iets wat er anders niet zou zijn. Deze kracht die mij dwingt mijn spieren aan te spannen, die me forceert mee te zingen, schreeuwen:

En ik kijk naar het werk van God
naar de gaten die het slaat
en de zon verlicht de lege plek
die jij achterlaat
en die ik zie als het werk van God

En ook:

Want uit de kou zijn we gekomen
en in de kou moeten we teruggaan
en het enig ding dat telt
is wie we samen konden zijn

Ik wis de tranen uit mijn ogen en denk: niets gaat verloren.

Of het nu de gezonde kinderen zijn die je hebt verwekt en die nog leven als jij er niet meer bent, jouw muziek waarop gedanst wordt na je dood, de lessen die je naliet in je boeken of je doen en laten (van René Gude tot mijn oma – tot eigenlijk iedereen), of het nu het sterrenstof is waar je weer in zult veranderen, eens, en waar je vandaan kwam, ooit, niets gaat verloren.

BLIJF VERLIEFD

'Ik zag mijn eerste vrouw een keer onverwacht in een warenhuis,' vertelt Herman van Veen. 'Ik dacht: mooi mens, verrek, daar was ik mee getrouwd. Dat blijft. Ik zie met schone ogen, als was het voor het eerst. Goedemorgen, bent u mijn vrouw? Aangenaam. Wilt u nog een keertje met me trouwen?'

Het is een beetje een rare les: 'Blijf verliefd', want verliefd kun je jezelf niet maken. Je kunt het wel willen, maar dan komt al snel het 'eigenlijk' van Hanneke Groenteman om de hoek kijken: als je iemand 'eigenlijk' niet meer wilt, kun je nog zo hard wíllen willen, maar als het er niet meer is, helpt er geen lieve moedertje aan. Verliefdheid laat zich lastig regisseren. Toch is het de moeite waard te proberen het te doen bij een bestaande, waarachtige liefde. Die is, als het goed is, met een stevige, waarachtige verliefdheid begonnen. En dat kun je koesteren.

Je hebt natuurlijk stellen voor wie het sfeerverhogend werkt om te toiletteren met de deur open, onderwijl geanimeerd doorconverserend, maar over het algemeen versterkt dit de romantiek niet. Natuurlijk, je bent nu thuis bij elkaar, maar een basale beleefdheid moet je houden om de intimiteit niet om zeep te helpen. Dat is de *Catch-22* ervan: je kunt helemaal jezelf zijn bij elkaar, en dat is heerlijk. Maar als je daardoor ook vergeet dat je na een bak shoarma misschien wel twee keer je tanden zou mogen poetsen, of dat zweet tijdens een vrijpartij anders overkomt dan in een paar rondslingerende tennissokken, glij je toch de gevarenzone in.

Je kunt het natuurlijk ook doen zoals Hedy d'Ancona het doet: 'Ik woon niet met Aatje samen. Bovendien: Aatjes huis is totaal niet mijn ding. Het is er gezelliger dan hier, met alle schilderijen, beelden, lampjes, stapels en kaarsjes... Het is een soort geordende chaos die ik bijna niet aankan. Ik ben zo opruimerig. Mijn huis is mijn werkplek. Maar ik denk niet dat het op oudere leeftijd verliefd worden anders is dan wanneer je jong bent. En je moet verliefd blijven, niet zo erg als in het begin natuurlijk, maar je moet natuurlijk wel een beetje verliefd blijven.'

Hoe doen zij en Aatje dat dan?

'Dat gaat met de ene man misschien wat makkelijker dan de andere. Want ik moet je zeggen dat Aatje het goed volhoudt om een minnaar te blijven. Dat ligt niet alleen aan jezelf. Het zijn kleine dingen. Dat hij je wil versieren. Een cadeautje meeneemt of een roos. Of roept dat je je lippen moet stiften of dat je haar gek zit. Hij blijft kijken. Je hebt iemand nodig die blijft kijken. Hij zegt soms ook dat ik chagrijnig ben. Waarop ik meteen terugroep dat dat niet zo is, maar het is goed dat iemand dat zegt, want voor je het weet sluipt het erin.'

Ik vind het mooi, wat Hedy zegt, 'iemand die blijft kijken'. Volgens mij is dat de crux. Je moet de ander blijven zien, en je wilt gezien worden door de ander. Paul van Vliet is zo'n ander: 'Ik kijk met heel veel plezier naar Lidewij als ze zich uitkleedt om haar tanden te poetsen. Dan heb ik niet de behoefte om haar direct te bespringen, maar ik mag daar graag naar kijken. Ik vind haar mooi, nog altijd. Tweeënzeventig. Ze heeft een hele mooie huid. Ik ben wat dat betreft ook erg verwend. Het kan ook allemaal gaan zakken en rimpelen. Ach, ik weet het niet hoor, als je daarvan houdt maakt het ook niet uit. Je hoort ook wel dat mensen elkaar in het bejaardenhuis ontdekken en beminnen. Heel langzaam en voorzichtig. Als egeltjes.'

En zelf moet je ook blijven kijken. Zoals Hedy naar haar Aat. Hij is inmiddels vierentachtig, kan zij dan zo langzamerhand niet denken: hebben die kip, deze gaat nergens meer heen?

Nee dus. 'Ik zou het bijna beledigend vinden als ik zou denken: die Veldhoen is zo oud, hij heeft ook een herseninfarct gehad, die krijgt toch nooit iemand meer. Dat wil ik helemaal niet. Als ik zie hoe hij nog altijd omringd wordt door vrouwen. Ik ben helemaal niet jaloers, dat was ik vroeger ook niet, maar ik vind wel dat hij ook aantrekkelijk is voor anderen. Dus ik acht het niet uitgesloten. Ik zou ook niet anders willen denken, want als ik hem niet meer aantrekkelijk zou vinden voor anderen dan zou ik hem ook niet meer willen. Dus het is nooit voorgoed geregeld.'

Het is nooit voorgoed geregeld.

Heel lang wist ik daar geen goede Nederlandse term voor, voor die foute aanname van sommige geliefden dat het wél voorgoed 'geregeld' is, en eindigden mijn dronkenmansverhalen over dit onderwerp in 'dat je elkaar niet *for granted* neemt, weet je wel?'

Tot ik Typhoon hoorde zingen, in het prachtige lied 'Liefste':

En soms zeggen we lelijke dingen, best ziek
Terwijl we eigenlijk willen zeggen: neem me niet voor lief

En zo simpel is het. Neem me niet voor lief. Als je verliefd wilt blijven, neem elkaar niet voor lief. Kijk goed. Blijf hoffelijk. Leg een briefje neer. Verzin iets beters. Doe iets. Doe iets liefs. Nu? Ja, nu.

KRITIEK IS MAKKELIJKER TE GELOVEN DAN LOF (MAAR DAARDOOR NIET PER SE WAAR)

Kritiek. We krijgen het allemaal, en of het nou wel of niet in de krant komt, of het nou gaat over hoe je haar zit, hoe leuk je kind is of hoe goed je laatste boek was: het raakt je. Hoe ga je daarmee om?

Herman van Veen, al zeker een halve eeuw gefêteerd op lovende recensies maar ook regelmatig bekritiseerd en zelfs beschimpt, zegt: 'Ik neem het waar, zeef het en pulk de zinnigheden uit het vergiet.'

Dat is natuurlijk het beste. Maar niet altijd even makkelijk. Geert Mak weet hoe het is om af en toe een recensie te lezen 'waarin je onderuitgehaald wordt'. Hoe gaat hij daarmee om?

'Meestal even van oeps.'

Even van oeps. Is er iemand, behalve Geert Mak, die dit kan zeggen zonder te lijken op een bordurend oud vrouwtje? Dat is hij zeker niet, want als het van oeps gaat, slaat hij terug. Op zíjn manier: 'Ik geef, innerlijk, mensen meestal straf. Dan krijgen ze drie maanden en soms een jaar. En daarna is het wel over.' Straf, dat betekent dat Geert gedurende de door hem vastgestelde periode niet aardig tegen iemand doet.

Daarna kan hij gewoon weer een goeie verstandhouding met die ander aangaan. Mietsie, zijn vrouw, niet. Over iemand wiens naam we niet mogen opschrijven zegt ze: 'Ik vind dat dan altijd een eikel. Als iemand zo'n recensie schrijft kan die nooit meer goed doen. Ach, ik vond hem sowieso een eikel.'

Geert: 'Maar hij was ook een erudiete man, ik las hem vaak graag.'

Mietsie: 'Hij heeft jou op zo'n gemene manier aangepakt.'

Geert: 'Hij heeft ook een jaar gekregen.'

Als ik uitgelachen ben, vervolgt hij: 'Ik beschouw het vaak als een schoolplein waar jongetjes met elkaar aan het vechten zijn. Dat houdt ook wel weer op. Je hebt bepaalde conflicten, maar op andere vlakken kun je het weer met elkaar eens zijn. Op het ene onderwerp bots je, op een ander onderwerp ben je bondgenoten.' Dat Mietsie het anders voelt, snapt Geert. 'In dat ene geval was het ook wel ernstig. En als je geliefde zoiets overkomt word je veel kwader.'

Mietsie: 'Je kunt niets doen.'

Dat is waar, ik merk het ook aan mijn vriendin, of mijn ouders, die kunnen zo boos worden als er iets onaardigs over mij wordt geschreven. Terwijl ik soms denk, ach, dat is die en die. Die mag mij niet. En bovendien snap ik vaak ook wel wat mensen irritant aan mij kunnen vinden.

'Dat herken ik,' zegt Geert. 'Bij een recensie kan ik denken: hmmm, dat is inderdaad een zwakte in het boek.'

Oké. We doen nu wel heel stoer, maar dat is toch af en toe wel verschrikkelijk moeilijk om toe te geven, toch?

'Het kost mij...' Geert kijkt alsof hij aan het hoofdrekenen is. 'Voeger kon een slechte recensie mij wel drie dagen van slag maken. Dat is nu beperkt tot uren. Dus het wordt beter. Ook omdat er tegenover al die slechte recensies veel goede staan.'

Als je het een binnen kunt laten – de kritiek kunt omarmen om het maar eens zalvend te zeggen – kun je dan ook echt genieten van het succes? 'Nu vind ik dat niet meer moeilijk,' lacht Geert. 'Ik kan het beter dan vroeger. Vroeger dacht ik, ze vergissen zich. Haha. Nu lees ik soms dingen van mezelf terug en dan denk ik: dat is inderdaad prima geschreven. Dat gevoel heb ik meestal wel pas na jáaren, alsof het werk van een ander is. Maar dan ben ik ook een beetje trots.'

Ik had vroeger het idee dat positieve feedback niet waar was. Dat mensen die een aardig stukje hadden geschreven in de krant daarvoor waren betaald door mijn vader. Ja, daar ben ik voor behandeld, maar nog altijd vind ik negativiteit makkelijker te geloven dan lof. Dat is altijd zo, zegt Herman van Veen. Dat is wat mensen doen. 'In het "collectieve geheugen" herinnert men zich de kopstoot van de stervoetballer, en niet zijn fluwelen pass. De doping van de wielrenner, niet zijn gele trui. De volle lippen van de president zijn maîtresse, niet zijn moedige besluiten. Zo gaat het nou eenmaal.'

Negativiteit is makkelijker te geloven, maar ook zo verlammend voor de creativiteit dat je je er soms voor moet proberen af te sluiten. 'Omdat mensen die roepen en blazen vaak ook alleen maar bezig zijn om hun eigen onzekerheid te maskeren,' zegt Geert Mak daarover. 'Als je iets bereikt hebt, zit je altijd wat wankel op die tak. En sommigen, zoals ik, zijn er goed in om die tak waarop ze zitten zelf ook nog eens af te zagen. Soms lees ik een poos nauwelijks recensies. Je moet zoveel doen om je kop erbij te houden. En je moet maar hopen en bidden op je eigen gevoel en dat van je uitgever, en van goede vrienden, dat je niet allemaal onzin uitslaat. Daarna moet je denken: ik leg een ei en jullie zien verder maar.'

Jullie zien verder maar. Dat is makkelijk gezegd, maar als je op Twitter wordt uitgemaakt voor alles wat mooi en vooral lelijk is, toch nog een hele opgave. Daarom blijft Geert er ook ver vandaan. Ineens fel zegt hij: 'Dat Twitter is een vervelend muggengezoem om je hoofd. Ik zit al met zoveel factoren die me van de leg trekken, ik kan het er niet bij hebben. Nieuwsrubrieken letten enorm op Twitter, maar Twitter wordt niet alleen bepaald door leuke en slimme mensen maar vooral ook door legioenen hooligans en laffe kortzichtige trollen. Gefrustreerde types die de hele dag zitten te rukken achter hun scherm.' Geert wordt er echt kwaad van. Want: 'Als je iets schept ben je kwetsbaar. Of je nu op toneel staat of iets schrijft. Daarom is het zo tomeloos laf om daar zonder meer op in te trappen. Dóé zelf maar eens iets. Zodra mensen zelf ook iets scheppen wordt de toon heel anders. Dan hebben ze best kritiek, in alle soorten en maten, maar ze weten ook hoe lastig het allemaal is. Ik heb dat heel sterk met muziekrecensies, daar kan ik me soms wild aan ergeren, dan denk ik: je zit alleen maar te tikken maar je hebt nog nooit, nooit een noot gespeeld.'

Of zoals Herman van Veen zegt: 'Je hebt mensen die schrijven, en je hebt mensen die schrijven óver mensen die schrijven. Er is een verschil.'

Jezelf vernieuwen, dat vind ik ook nogal iets. Want kritiek werkt heel remmend op je creativiteit, succes zo mogelijk nog meer. Als ze eens allemaal hebben gezegd dat je het deze keer echt heel goed gedaan hebt, vijf sterren, beter kan niet, dan ga je denken: beter kan niet. Laat ik maar stoppen. Een weeshuis beginnen in Swaziland. Wegwezen hier.

'Als je succes hebt, moet je echt ergens doorheen,' vindt Geert. Weer moed verzamelen. De verleiding om in diezelfde groef voort te gaan is waanzinnig groot. Succes en creativiteit staan op gespannen voet met elkaar. John Steinbeck heeft na zijn eerste bestseller wel eens gezegd: nu snap ik pas waarom iedere auteur die succes heeft daarna nooit meer een goed boek schrijft. Ik probeer daardoorheen te breken door te kijken hoe andere mensen daarmee omgaan. Of het nu gaat om muziek, film, documentaire of theater. Te denken: goh, jij durft. Je moet een beetje moedig zijn. En je moet je isoleren. Vandaar dat je dat gesodemieter van Twitter er niet bij kunt hebben. Het is geen kapsones, hoor. Isoleren is de enige manier om een beetje bij de creativiteit te komen. Je krijgt bovendien ontzettend veel aanbiedingen als je succes hebt. Interviews, televisieoptredens, het houdt niet op. Het is één grote snoeptafel. Maar het is ook één grote samenzwering om te zorgen dat je nooit meer een boek schrijft.'

Wat mij enorm geholpen heeft, is een metafoor van regisseur Ruut Weissman. Hij schrijft in zijn boek *De kunst van het bedriegen* dat je je als maker altijd moet realiseren dat jij de sokkel bent, en de voorstelling (of het boek, het gebouw, whatever je creëert) het kunstwerk. Hij voert dat vooral aan om te leren dat je die sokkel dus gezond moet houden, geestelijk en lichamelijk, om dat kunstwerk te dragen, maar het heeft mij ook erg geholpen om wat afstand te nemen van kritiek. Ik bén die voorstelling niet, of dat tv-optreden, of dat boek. Ik máák dat. Daar kun je iets van vinden, misschien zelfs dat het er niet had moeten zijn, maar dat betekent nog niet dat ík er niet had moeten zijn.

Dat helpt. Een beetje. Maar *haters are gonna hate*, wat je ook doet. Dus probeer zonder voorbehoud te maken wat je wilt maken, te zijn wie je bent, je haar te doen zoals jij het mooi vindt. Het heeft geen zin als je je excuseert voor jezelf, jezelf inhoudt uit angst voor wat ze van je zullen vinden. Haters zullen het evengoed haten. En liefhebbers herkennen je niet meer als je compromissen maakt, ze zien dan onvoldoende wat ze zo goed aan je vinden: je eigenheid.

Dus leef zonder voorbehoud.

YOUTH IS (NOT) WASTED ON THE YOUNG

Nu ik weet hoe het is om een hypotheek te hebben, en een wekker, verlang ik weleens terug naar de tijd dat ik zonder enig verantwoordelijkheidsgevoel van feestje naar collegezaal naar kroeg fladderde. Toen droomde ik juist van een leven vol liefde en mooi werk – het leven dat ik, op goede dagen, vandaag de dag leid.

Een leven waarin het af en toe hard nodig is om een oppas in te huren en de stad in te gaan om ons weer jong, wild en tot schelmenstreken in staat te voelen. Als we dan in de kroegen komen waar we vroeger ook al zaten zien we dezelfde wanhoop in de ogen van de jongens en meisjes aan de bar die we jarenlang in de spiegel hebben gezien. Ogen vol vragen. Gebeurt er vanavond eindelijk eens iets? Vindt hij/zij me leuk? Ben ik niet te dik/lelijk/stom om hier te kunnen zitten? Had ik eigenlijk wel geboren moeten worden?

Wij hangen aan de bar in kleren die we toevallig al aan hadden die dag en ons haar zit zoals het nou eenmaal zit en we krijgen ineens alle amoureuze aandacht die we destijds zo nodig hadden – toen we anderhalf uur voor de spiegel stonden voor we de deur uit durfden – omdat we nu uitstralen dat het oké is. Het is oké, het gaat niet om hoe je haar zit, het gaat om wie je bent. Drink nou maar gewoon iets, vertel je verhaal, lach een beetje, en dan weer recht naar huis, want wij hebben al verkering. Hadden wij die look twintig jaar geleden maar gehad. Dan hadden we niet zo vaak eenzaam naar huis hoeven fietsen, teleurgesteld dat ook déze avond De Grote Liefde zich niet had aangediend.

Als we dan eindelijk thuiskomen, is de oppas niet meer alleen. O ja, dat was waar ook, denken wij vertederd, haar vriendje zou langskomen. Kijken of we ze kunnen betrappen! Giechelig en aangeschoten komen we ons huis binnen gestommeld, waar de oppas, net twintig, met haar vriendje op de bank in de Ikea-gids zit te bladeren. Ze hebben net een heel seizoen *House of Cards* gekeken en daar willen ze nu even van bijkomen terwijl ze ideeën opdoen voor als ze gaan samenwonen.

Youth is wasted on the young, verzucht ik als ik ze uitzwaai.

De ene helft van je leven verspil je met ouder willen zijn, de andere helft met wensen dat je jonger was.

Vanaf dat je kan praten ben je bezig met gillen 'ik bén niet klein!' en als je eenmaal echt niet meer klein bent, schrik je als je met 'u' wordt aangesproken.

Ja, zo oud ben je dus wel. Je bent zo oud dat je eindelijk mag bepalen hoe laat je gaat slapen, maar het liefste altijd lekker vroeg naar bed wil.

Youth is wasted on the young, ik zweer het je. In bijna alle gesprekken met de wijze mannen en vrouwen gooide ik hem er een keer in, maar geen van allen waren ze het met me eens. Jong zijn was mooi, maar ouder worden ook, en zonder die onzekerheid van dat jong zijn was je nooit de sterke volwassene geworden die je nu bent, beweerden ze. Kijk, zíj zijn de wijzen natuurlijk, maar ik blijf erbij: als ik alles wat ik tot en met mijn twintigste meemaakte tegemoet had kunnen treden met een vleugje van het vertrouwen waarmee ik nu leef, zou dat eindeloos hebben gescheeld.

WE HEBBEN ALLEEN MAAR VERHALEN

Als ik jarig was kwamen de opa's en oma's, ooms en tantes, neefjes en nichten van de kant van papa én van mama. De Breij en Lit. Als er tegenwoordig bij ons in de familie iets te vieren is, zijn daarbij niet een of twee, maar vaak wel vier of vijf verschillende achternamen in huis. We zijn getrouwd en gescheiden, opnieuw verliefd geworden, hebben kinderen en iedereen hoort erbij. Ik zie die lappendekenfamilies tegenwoordig vaak ook bij anderen en het heeft een vertederend effect op mij. Bijvoorbeeld toen onlangs een bevriend stel trouwde. De ouders van de bruid waren gescheiden, maar beiden met hun nieuwe partners van de partij – en niet eens onaardig snauwend naar elkaar. De bruidegom was weduwnaar en de familie van zijn overleden eerdere liefde stond warm te gloeien langs de zijlijn met tips voor de nieuwe schoonfamilie over de man die jaren hun zwager was geweest. Kinderen uit hun voorgaande relaties stekkerden trots en beschonken rond, en naast mij en mijn geliefde liepen ook mijn ex en haar nieuwe liefde. Het is aandoenlijk, die dwarsverbanden, omdat je ziet dat niemand daarmee meer ontkomt aan 'wie je bent is wie je altijd bent geweest'. Hier is mijn heden, daar loopt mijn verleden, op naar de toekomst, proost allemaal!

Zo hebben onze kinderen een oma die genetisch van beiden niets is, want ze was de vriendin van mijn overleden schoonvader. Ze hadden elkaar gevonden, hij weduwnaar, zij weduwe, ze konden zo fijn samen praten over hun overleden echtgenoten – en kilometers maken op de elektrische fiets. Mijn schoonvader is er nu niet meer, toch zit zij als een echte oma op alle kinderverjaardagen en vertelt ze over het gemis van haar vriend, de vader van mijn geliefde. Hij stierf aan dezelfde ziekte als haar eerste man én zijn eerste vrouw (ja, kanker). Ze mijmert bij een witte wijn: 'Dan stel ik me voor hè, dat ze nou met z'n allen, Cees, met Corrie dan, en Ben van mij, dat ze dan gezellig samen aan tafel zitten met een kopje koffie...' Ze kijkt op haar horloge, '... of nou, een wijntje dan nu eigenlijk al, en dat ze mekaar dan van alles te vertellen hebben en zo...' Zij is Brabants, en naar ik hoop zo katholiek dat ik me kan laten troosten door dit rotsvaste vertrouwen in een hemel, tot ze zegt: 'Maar ik geloof dat niet. Als ik dat nou maar kon gelóven, hè? Maar ik geloof dat niet.'

Ik val met een klap op de grond, helemaal vanuit de caféachtige hemel die mijn schoonmoeder schetste, zonder parachute in vrije val weer op aarde. Dat is waar ook. Ik gelóóf dat niet. Jammer toch, ergens. Want als ik het wel kon geloven, had ik er steun aan. Of werkt het niet zo? Ik vraag het aan de dominee.

Nico ter Linden vertelt: 'Ik kende een man, een gelovig mens, die na het overlijden van zijn vrouw in een diepe geloofscrisis kwam toen hij opnieuw de liefde vond. Had hij dan straks in de hemel twee vrouwen? En hoe moest dat dan? Toen zei ik: dat is een bezopen gedachte. Die is door Jezus zelf al tegengesproken. Jezus zegt: je valt niet uit Gods hand. Maar dan zeggen de farizeeërs: en als je zeven vrouwen had, kom je dan al die zeven vrouwen weer tegen?'

Farizeeërs. Wie zijn dat ook al weer? Misschien is de taal van de dominee toch lastig voor mensen zoals ik, denk ik, als Nico vervolgt: 'Maar dan zegt Jezus: dat is gelul.'

O ja. Daarom hou ik zo van deze dominee.

'In de hemel wordt niet getrouwd. Het is *totaliter aliter*, het is volstrekt anders. Dus we kunnen ons er geen voorstelling van maken. Maar als je je er toch een voorstelling van wilt maken, dan is dat beeld van jouw schoonmoeder toch een hele mooie voorstelling?'

Maar, zeg ik, ik vond het zo aandoenlijk dat ze het zou wíllen geloven. Ze gelooft het niet. Maar ze wil het wel. Ze bijt zichzelf in de staart. Toch?

'Je moet onderscheiden wat ze wel gelooft en wat niet. Kijk, het zou fijn zijn als ze wel kan geloven dat ze niet uit Gods hand valt. Het zou mooi zijn als ze dat in ieder geval tastenderwijs zou kunnen voelen. En zeggen dat we het niet weten kan ook troostrijk zijn! Je hoeft het niet te weten. De dominee weet het ook niet. Ook ik neem mijn toevlucht tot verhalen. Ik kan hardop zeggen: over God weten we niets, we hebben alleen een paar verhalen. *Just* verhalen. En dan ligt het eraan welke waarde je aan die verhalen hecht. En dan zeg ik: er is niets mooiers dan die verhalen. Dat fantaseren is ook toegewijd, en zorgzaam. Zonder beelden kun je niet fantaseren en we hebben geen andere beelden dan wat we kennen. Dan is de hemel in haar geval een gezellig café waar we elkaar allemaal weer zien.'

We hebben alleen maar verhalen. En als je die wilt geloven, dan is dat oké.

Ik ben daar te nuchter voor, denk ik.

Dácht ik.

Want toen mijn ome Cor stierf, zei zijn dochter: hij komt terug als een lieveheersbeestje. Ja, ik trok daar net zo'n hoofd bij als jij nu. Ik geloof niet in dat soort onzin, toch? Maar ik zie nu betekenis in ieder lieveheersbeestje dat ik tegenkom. Die ene op dat dierbare boompje in de tuin, op zijn verjaardag nota bene! En die in de badkamer, die altijd (maar echt áltijd) over de wastafel loopt, vanuit het niets, als ik ruziemaak met mijn geliefde. Ik zie mijn eigen boze hoofd in de spiegel en dan dat gekke beestje weer, dat kennelijk alleen uit de plantenbak of het raamkozijn komt gekropen bij stemverheffing en slaande deuren, en ik vraag: hé ome Cor. Zal ik het maar weer eens goed gaan maken?

Zwijgen is toestemmen, dus dan maak ik het goed en is het universum weer in evenwicht.

Ik heb ook alleen maar verhalen.

GEEF HET DOOR

Dit is er zo een. Zo'n 'mijn vader zei altijd'-verhaal, in dit geval van de oude Terpstra, want verteld door Erica.

'Ik heb van hem destijds een wijze les geleerd,' zegt ze, 'die niet in je boek mag ontbreken. Ik was een vrolijk kind, ik danste door het leven. We hadden thuis geen god. Maar ik ging vaak met een vriendinnetje naar de katholieke kerk want ik vond die ceremonieën zo mooi. Op een gegeven moment, ik denk dat ik een jaar of acht was, zei ik tegen mijn vader: ik ben eigenlijk zo jaloers op haar, want als zij gelukkig is dan kan ze God danken. Wat moet ik nou? Wie moet ik danken? Toen zei mijn vader: dan moet je proberen om vandaag nog – niet morgen of overmorgen – dat geluksgevoel door te geven aan een ander. Door een knipoog, een hand op een schouder, iets aardigs tegen iemand te zeggen, iets aardigs voor iemand te doen. Daar kun je als kind van acht wat mee. Ik heb dat later teruggevonden in boeddhistische leerboeken, maar ik weet zeker dat mijn vader die nooit heeft gelezen.'

Als ik, met een verdacht dikke keel, zeg dat dit prachtig is, beaamt Erica: 'Ja, dat is echt heel erg mooi. Het is mijn grootste levensles geweest.'

Geef het door. Er is geen zelfhulpboek waar het níét in staat, vermoed ik, maar toch werd ik weer geraakt door Erica's verhaal en het bijbehorende inzicht. Ik ken het, het spectaculaire verschil tussen van huis naar de Albert Heijn lopen met de laatste afbraakcommentaren op internet nog in je hoofd, of met de kus van je kind nog op je lippen. Het verschil tussen mensen echt gedag zeggen of geen contact willen maken. Als ik de wereld kut vind, doet de wereld vaak weinig om dat beeld te corrigeren, maar als ik, zoals mijn oma het noemde, opgeruimd ('opgeruimp', zei zij eigenlijk) ben, komt er volop vrolijkheid mijn kant op. Je krijgt wat je geeft, maar niet altijd. Soms wordt een vriendelijke groet beantwoord met een snauw, en soms, heel soms heb je het geluk dat je uit je zwartgallige bui wordt getrokken door iemand die, totaal onverwacht, iets buitensporig aardigs zegt.

Die is dan waarschijnlijk vlak daarvoor Erica Terpstra tegengekomen.

BLIJF BEZIG

Het was zo'n prachtige ensemble-avond in Carré. Jan Rot had zijn hele balboekje gebeld om Elvis-liedjes te komen zingen. Van Frédérique Spigt tot Charly Luske en van Freek de Jonge tot Ron Brandsteder. Momenten waarop ik me gelukkig prijs backstage te mogen zijn, vanwege dat rare, leuke schoolavondgevoel dat je ervan krijgt. Al die types die helemaal niet bij elkaar horen, en toch weer wel. Freek de Jonge en Ron Brandsteder die roddelen over de Mounties en dan hard lachend concluderen dat de aangever (wat Brandsteder ook jaren is geweest bij André van Duin) eigenlijk altijd veel leuker is dan de komiek. Go Freek! We lachten, dronken, en zongen Elvis. Of we iets verdienden wist eigenlijk niemand, en het maakte ook niet uit. 'Ik doe dit ook gewoon om bezig te blijven,' zei Ron Brandsteder. 'Ik dacht vroeger: als ik later vijfenzestig ben, ga ik twee keer per dag naar de bioscoop. Nou, daar is niks aan. Ik wil gewoon bezig blijven.'

Bezig blijven, dat is een thema, ook bij alle zeventigplussers die we spreken. Werken, in beweging blijven: Hans Wiegel loopt door de Friese weilanden, Hedy d'Ancona fietst naar Aatje, Paul van Vliet wandelt langs de zee. Maar het is allemaal niet vanzelfsprekend.

Hanneke Groenteman vertelt heel eerlijk: 'Dat is wel wat met ouder worden: ik vind het leven vrijer én moeilijker. Ik kan de hele dag doen wat ik wil. Ik kan naar de film gaan. Of de hele dag niet douchen. Dat is vrijheid. Maar het houdt ook in dat ik minder nodig ben. Dat is lastig. Ik denk dat veel oude mensen de vrijheid romantiseren: dan kunnen we er eindelijk met de caravan op uit... Het is soms gewoon ook doodsaai. Ik vind het het moeilijkst om mezelf te dresseren om mensen te bellen. Om bij mezelf te denken: ik ben nog wel de moeite waard, ik heb betekenis.'

In die zin is *youth wasted on the young*, haal ik mijn stokpaardje maar weer van stal. Want dat gehaast, dat altijd ergens voor op moeten schieten en douchen en heenrijden, hup hup, dat vinden wij verschrikkelijk, maar dat ga je later dus missen.

'En romantiseren,' vult Hanneke aan. 'Dan ga je ook denken dat dat leuk was. Vroeger kon je alles tegelijk, nu moet ik bij elke activiteit goed de wekker zetten en plannen. Vroeger deed ik alles in een vloek en een zucht.'

If you want something done, ask a busy person, luidt het spreekwoord. Wie al in de spits zit, wie in volle vaart moet opereren en gewend is snel beslissingen te nemen en oplossingen te vinden, regelt alles veel efficiënter dan degene die nergens anders over na hoeft te denken. Zo ben ik ervan overtuigd dat mijn dagen nu, nu ik kleine kinderen én een tournee en nog zo wat dingetjes draaiende probeer te houden, honderd keer productiever zijn, dan toen ik op mijn zolderkamer niets anders hoefde te doen dan studeren op het tentamen 'probleemstellingen formuleren'.

Daar zit ook een risico in, namelijk dat je jezelf aanleert om alles op te lossen met energie. Paul van Vliet waarschuwt me ervoor. 'Ik loste daar vroeger alles mee op. En dat kan ik niet meer, dat wil ik ook niet meer.' Omdat dit me confronteert met mijn eigen gedrag, vraag ik voorzichtig: en waarom dan niet? 'Omdat dat misleidend is,' zegt Paul. 'Van tanden op elkaar, even doorpakken. Want dan heb je ook de neiging om alles van tafel te vegen zonder het op te lossen. En dan ligt het wel op de grond maar het had eigenlijk op tafel moeten blijven liggen. Je had het moeten bespreken. Of je had in het diepe moeten gaan en het moeten oplossen. Het is vrij intiem wat ik eigenlijk allemaal vertel... Ik weet niet of je het kan gebruiken...'

Nou en óf ik het kan gebruiken. Beter dan ik zou willen toegeven.

Bezig blijven. Paul van Vliet kan ook niet anders: 'Het houdt je bij het leven en de wereld. Ik geef mezelf een opdracht als ik ga wandelen. Een tekst die af moet of een toespraak die ik ga houden. Voor Unicef moet ik nogal eens ergens over praten. Dan ga ik lopen en begin ik: goedenavond, dames en heren. Mijn hoofd staat zo op verzinnen, ook nu ik tachtig ben. Wat je meemaakt, wat je voelt. Ik denk altijd: kan ik er iets mee? Dat geeft ook onrust. Zit er een tekst in? Kan ik er een grap over maken? Kan ik er een lied van maken? Altijd op jacht...'

Maar dat hoeft nu toch niet meer?

'Jawel,' zegt Paul, 'niets doen is niets. Zeker niet voor ons, creatievelingen. Het is toch je levenssap, je creativiteit, misschien nog meer dan het spelen. Het gaat om de geestelijke souplesse in je kop. Ik voel me er fit door. Het geeft veel zin aan het leven. Ja. Wij hebben een heel leuk leven, Claudia.'

Zo is het. Ik moet er niet aan denken, nergens meer een stukje over te schrijven of een praatje over te houden, als ik de mannen en vrouwen zo hoor. Wiegel houdt er ook helemaal niet van:

'Ik verveel me vreselijk als ik niets te doen heb. Vroeger vond ik zondagochtend iets verschrikkelijks. De kranten waren uitgelezen. Dan was ik altijd blij als het zondagmiddag rond een uur of zes was, want dan gingen we een borrel drinken. Maar ik verveel me nu veel minder dan vroeger.'

Creëert Hans ook bezigheden om die verveling voor te zijn misschien? Hij denkt van wel, en somt gezellig op hoe zijn zondagen er vandaag de dag uitzien: 'Dan kijk ik natuurlijk naar *Bui-*

tenhof. Nou, dan is het één uur en ga ik een boek lezen. Of ik ga wandelen. Of ik schrijf wat. Af en toe schrijf ik een stukje in het NRC *Handelsblad*. Ik vind het heel leuk werk. Het is eigenlijk net als het maken van een schilderijtje. Je moet eerst denken: wat ga ik schilderen, waar ga ik het over hebben? Ik vind het altijd leuk om een stukje geschiedenis erin te gooien. En om een paar valse opmerkingen te plaatsen. Haha. Zo blijf je bezig. Wat ook heel belangrijk is: je moet wat voor een ander willen doen. Dat is altijd goed. Of het nu iets groots is of iets kleins. Soms kun je iets betekenen voor iemand.'

Bezig blijven is een ding, maar iets betekenen, dat is alles, merk ik. Hanneke Groenteman kan de twijfel of zij bestaansrecht heeft dan pas echt loslaten.

'Ik help graag. Zeker als mensen iets vragen waarmee je ze echt kunt helpen. Ik denk dat dat de grondslag is: dat je je bestaan op aarde een beetje waard wilt zijn. Als mensen terminaal ziek zijn, ben ik op mijn allerbest. Ageeth, een van mijn liefste vriendinnen, ik zag haar helemaal niet zoveel, maar toen ze eenmaal ziek werd en behoeftig, nou, dan moet je mij wegduwen.'

Iets betekenen voor een ander. 'Nu ik een oude man geworden ben,' zegt Nico ter Linden, 'komt soms zo'n oud zondagsschoolliedje boven: "Jij in jouw klein hoekje en ik in 't mijn". Dat ik dat toch heb onthouden van zó lang geleden... Kennen jullie dat liedje?' Jessica kijkt verschrikt als ik begin te zingen:

Jezus zegt dat hij hier van ons verwacht
Dat wij zijn als kaarsjes brandend in de nacht
Hij ziet uit de hemel of wij lichtjes zijn
Jij in jouw klein hoekje, en ik in 't mijn

Dit moet ik even uitleggen. Wij waren thuis niks, van geloof, maar dit liedje stond op een kerstcassettebandje van de Leidse Sleuteltjes en zowel mijn moeder als ik vond het helemaal de bom. Dan stond zij te strijken en DJ'de ik ons bij de stereotoren de kerstdagen in. Prima, zegt Jessica, maar leg eens uit, waarom is dit zo mooi?

'Het gaat om licht geven,' zegt Nico. 'Ik stel niets voor, ik heb maar een klein hoekje. Maar jij hebt ook maar een klein hoekje. We stellen allebei niets voor. Of geen van allen. Wij, zoals we hier zitten, hebben er alle drie maar heel weinig van begrepen. Maar we kunnen onze botjes wel bij elkaar leggen. En we doen het allemaal op een andere manier, jij geeft anders licht dan ik. Maar we zijn er wel om iets te betekenen voor elkaar.'

JE KOMT ELKAAR ALTIJD WEER TEGEN

Over scheiden in de liefde hebben we het al gehad, maar het geldt ook voor werk: je moet een beetje hoffelijk uit elkaar gaan. Ga netjes weg. Als het begon met ruzie, maak het goed. Het wordt nooit echt goed natuurlijk – anders ging je niet weg – maar je kunt er altijd wel een chique *agree to disagree*-draai aan geven. Soms niet met iedereen in het bedrijf, want er bestaan nou eenmaal onverbeterlijke eikels, maar neem goed afscheid van de mensen met wie je iets had. De ervaring leert dat die leuke types namelijk uiteindelijk altijd ergens op een belangrijke positie terechtkomen en de eikels eindigen thuis op de bank met een gouden handdruk en een streepmond. *Karma is, indeed, a bitch*. Is het niet prachtig?

Met de eikels kun je toch ook nog een heel eind komen. Echt goedmaken lukt niet, maar als je de situatie een beetje kunt neutraliseren is het al fijn. Zolang Noord- en Zuid-Korea niet op elkaar schieten is het wél heel ongezellig, maar gaat er niemand dood (tenzij je eigen leider je afmaakt, maar ik dwaal af).

Toen er eens een prut-impresario die niets voor me had gedaan alsnog geld ging eisen toen ik een klein beetje succes kreeg, kwam er een bijeenkomst met hem, mij en mijn nieuwe impresario, Frans. De vergadering verliep vrij stroef omdat de ene partij had bedacht 'Ik wil Heel Veel Geld' en de andere partij het mantra 'Geen Cent' mediteerde. Na wat gesteggel over en weer viel er een lange stilte. Hier kwamen we echt niet uit. En toen zei Frans: 'Nou, ik vind het in ieder geval heel positief dat we hier nog steeds met elkaar in gesprek zijn. Goed dat we samen aan deze tafel zitten.' Het sloeg nergens op, maar het werkte wel. Als je zégt dat je met elkaar in gesprek bent en dat dat goed is, dan doe je het ook – *do be do be do*. Hoe we er precies uit zijn gekomen weet ik niet meer, maar wel dat het me geen cent heeft gekost en ik die eerste prut-impresario nog altijd warm kan groeten.

Het leven is te kort om te verdoen met niet on speaking terms zijn, en je komt elkaar toch altijd weer tegen. Kan je maar beter gezellig een praatje kunnen maken.

JE MOET ALLES ZELF DOEN

'Ik ga even roken,' zegt Frank, mijn geluidsman. 'Ik ook,' zegt Jasper van het licht. 'Goed zo jongens,' antwoord ik automatisch en zonder op te kijken van mijn telefoon. 'Een ander doet het niet voor je.'

Zij horen het niet eens meer, we zijn als een familie waarin iedereen elkaars stoplappen kan dromen. Kennelijk zeg ik heel vaak 'een ander doet het niet voor je' over onzin, maar het gaat ook op voor grote, belangrijke dingen.

Nu ik dit zeg voel ik me echt een beetje mijn vader, maar ik meen het wel: je moet alles zelf doen. Dat geldt in werk – als jij die deadline niet stelt én haalt maken die kutkabouters het echt niet stiekem 's nachts voor je af. Maar als je het echt wilt vóélen moet je eens iets medisch hebben. Je denkt dan dat de dokter weet wat er met je aan de hand is en een traject gaat uitstippelen voor jouw herstel, maar de praktijk is dat hij zegt wat het allemaal zou kúnnen zijn, wat je daar eventueel aan zou kúnnen doen, en of je daar even over na wilt denken. En dat is dan nog als je geluk hebt, want het kan ook nog weleens gebeuren dat de dokter zegt dat er niks aan te doen is – terwijl jij bij de eerstvolgende specialist die je zelf hebt gegoogeld ontdekt van wel.

Het is geen leuke les, vind ik. Je moet alles zelf doen. Maar een troost is dat alle mensen die je bewondert, van Steve Jobs tot

Nelson Mandela, van Armin van Buuren tot Gerard Reve, het ook állemaal zelf hebben gedaan.

Dus waarom jij niet?

ALS ER STRONT MAG ZIJN, IS HET GOED

Wij hebben samen twee zoons. Ieder hebben we er één gebaard, de ander komt uit, zoals dat zo mooi heet, een respectievelijke eerdere relatie. Moeder zijn en stiefmoeder zijn, het voelt heel vaak precies hetzelfde – misschien ook omdat onze kinderen nog heel klein waren toen we samen kwamen – maar er is één verschil. Je eigen kind is een gegeven (net zoals je ouders dat zijn). Je stiefkind is alles, maar niet vanzelfsprekend. En dat is, zoals alles wat niet vanzelfsprekend is, mooi. Én soms een beetje moeilijk.

Zowel Geert Mak als Paul van Vliet weten wat het is om stiefvader te zijn.

Geert Mak, samen met zijn vrouw Mietsie aan de keukentafel: 'Je moet goed weten dat je niet de vader of de moeder bent. Ik weet nog dat, toen we net samenwoonden, ik me als mijn eigen vader ging gedragen. Namelijk door iedereen thee op bed te brengen. Maar niet iedereen stelde dat op prijs, en zeker niet mijn nieuwe stiefdochter. Toen dacht ik, ik ben haar vader niet, maar wel iets wat daarbij in de buurt komt.'

'Ach ja,' vult Mietsie aan, 'Geert kookte iedere avond. Hij heeft zich nooit als een vader opgesteld, maar we leefden wel bij elkaar in huis. Het was ook iedere keer weer: je bent mijn vader niet! En dan zei Geert: maar we wonen wel met z'n drieën in één huis dus moeten we wel rekening met elkaar houden. Dat heb je altijd goed gedaan.'

Geert Mak heeft een groot talent voor verlegen kijken. Hij vervolgt snel: 'Ik dacht altijd: ze zijn niet helemaal van mij. Wel een beetje. Een vriendin van me zei: volgens mij vindt je stiefdochter je heel leuk en zit ze in een loyaliteitsconflict. Gaandeweg is het beter geworden. Toen we trouwden heb ik jouw ex toegesproken. Hij heeft namelijk nooit lopen klooien, hij heeft ons altijd ruimte gegeven. Dus ik zei: het is moeilijk om te zeggen, de ideale ex, maar dat ben je wel altijd geweest. Dat was voor mijn stiefdochter ook bevrijdend geweest, begrijp ik achteraf. Ze zag toen dat ze best naar twee kanten toe loyaal kon zijn. Nu hebben we een buitengewoon goede verhouding.'

Paul van Vliet is altijd open geweest over het verdriet van het niet hebben van een 'eigen' kind – wat niet wegneemt dat hij heel gelukkig is dat hij stiefkinderen heeft. Hoe ging dat, destijds? 'Ik vond dat een moeilijke rol,' vertelt hij. 'Ik was geen kinderen gewend. Ze kwamen bij ons toen ze zes en acht waren. Ineens was het huis vol speelgoed. Ineens lagen er overal gympen en tassen. Drie geluidsinstallaties en boxen. Ik dacht, wat gebeurt hier? Ik heb toen afgewacht en Lidewij de leiding laten nemen. Ik voelde me aan de zijlijn staan, maar dat had ik zelf gedaan. Het duurde wel een jaar of tien voordat ik in die stiefouderrol ben gegroeid. Maar het is niet de natuurlijke bloedband. Kinderen durven bij hun eigen ouders veel meer. Durven alles tegen hun ouders te zeggen. En de ouders ook tegen de kinderen. Ik was afwachtend en voorzichtig, en ik maakte me ook weleens uit de voeten in een rookgordijn van artistieke bevlogenheid. Als dan het huis vol was, ging ik nog even ergens anders heen. Dan hield ik me afzijdig.'

Dat afzijdig houden, ik kan me er wel iets bij voorstellen. Misschien stom, maar ik betrap ons er beiden wel eens op dat we omdat het je eigen kind niet is, extra bang zijn voor afwijzing, juist omdát het je eigen kind niet is. 'Ja dat is zo!' zegt Paul. 'Dat is heel erg waar. Kwetsbaar en onzeker over de vraag of je het wel goed doet. Kwetsbaar in de afwijzing.'

Ik probeer mezelf dat af te leren, sinds ik een keer, nota bene op het podium tijdens een liedje over mijn stiefzoon, overvallen werd door het inzicht: het gaat er niet om wat hij voor mij voelt. Het gaat erom wat ik voor hém voel. Hij is het kind, hij is totaal afhankelijk, ik moet geven – en dan maar zien of ik iets terugkrijg. Hij is mij niets verplicht. Mijn biologische zoon evenmin natuurlijk, maar daar ben je je minder van bewust omdat je van je biologische ouders nou eenmaal nooit écht af kan.

'De kinderen zijn ook voorzichtiger met mij geweest dan met hun eigen moeder,' vertelt Paul. 'Ze zouden niet zo gauw tegen me uitvaren. Ik heb ook vrijwel geen ruzies met ze gehad. Wel eens, maar dat was dan voor Lidewij ook meteen een bewijs dat we op een gelijk niveau zaten, dat we eerlijk stront hadden. Dat was gezond. Dat je reguliere stront kan hebben is toch een bewijs dat je gelijk bent, dat je elkaar waard vindt om ruzie mee te maken. Ze zijn nu volwassen en we hebben een hele goede band. En dat is ook een verovering op elkaar. We hebben dat bevochten. Wat je samen hebt bereikt, heb je ook echt samen bereikt. Daar heb je ook moeite voor moeten doen. Moeten slikken en moeten leren van de situaties.'

Het is een veroverde liefde, als je geluk hebt. Daar zit een zekere schoonheid in, vindt Paul ook. 'En nu ze ouder zijn, zijn ze ook heel gevoelig voor wat ik van hen vind. Ik denk nog gevoeliger dan voor hun eigen ouders. Misschien doe je als stiefkind meer je best voor je stiefouder. Je doet als stiefouder zeker meer je best voor je kinderen. Lidewij heeft zich nooit afgevraagd of ze het wel goed doet. Het was een volkomen natuurlijk proces. Dat heb je als stiefvader allemaal niet, die natuurlijke intuïtie. Lidewij zei laatst nog: jij vroeg vroeger altijd: wanneer wordt het nu eens vanzelfsprekend? Nou, dat is nu. Dat je je niet meer afvraagt: hoe moet ik met de kinderen omgaan? Nou ja, dat mag ook wel, ze zijn in de veertig nu.'

ALWAYS SIGN YOUR OWN CHEQUES

Als adolescent haalde ik al mijn wijsheden uit de *Oprah Winfrey Show*. Oprah Winfrey, even voor de écht heel jonge lezers, was in die tijd (de jaren 80) dagelijks op televisie en vooral in de periode tussen mijn vijftiende en vijfentwintigste was ze in een extreem opvoedende fase. Ze leerde de kijkers wat ze moesten lezen door Oprah's Book Club, liet de hele wereld kennismaken met psychotherapie dankzij 'haar' Dr. Phil en liet regelmatig wijze vrouwen als Maya Angelou leeglopen op de bank om samen met ons in ademloze bewondering te luisteren naar de diepfilosofische inzichten die zij de wereld in baste. En soms, of eigenlijk heel vaak, gooide Oprah ook haar eigen inzichten de ether in. Zo was haar antwoord op de vraag hoe je rijk moest worden: dat je werk moet doen dat je ook zou doen als je er niet voor werd betaald én dat je altijd je eigen cheques moest tekenen. Nu tekent er geloof ik niemand meer cheques, maar het principe 'doe je eigen financiën en laat niemand uit jouw naam je handtekening zetten' blijft overeind.

Niet dat ik me in die tijd aan deze les hield, trouwens. Ondanks de vele waarschuwingen van huis uit heb ik weleens een halfjaar onverzekerd rondgereden – ik maakte gewoon geen enveloppen open. Later, tijdens mijn vorige relatie, deed mijn toenmalige partner de geldzaken. Prima, vond ik. Na de scheiding moest ik er zelf eindelijk eens aan en nu vind ik dat ik dat jaren eerder had moeten doen. Nog steeds gooi ik eens in het kwartaal een volle schoenendoos naar de boekhouder, maar ik snap nu tenminste wat erin zit. Ik heb me altijd een beetje (erg) verwend gedragen hierin, en ik ken meer mannen en vrouwen die dat doen. Het is zo gegroeid, de Ander doet dat nou eenmaal, mij interesseert het niks. Kan best, is ook prima voor sommige mensen, maar mij persoonlijk heeft het achteraf gezien niets opgeleverd, behalve dat ik de waarde van geld zo weinig inzag dat ik er veel minder van over heb gehouden dan ik had moeten doen. Tegenwoordig zet ik dus als een ouwe sok af en toe iets opzij en heb ik steelse gedachten over hoeveel hypotheek ik voor mijn vijftigste zou kunnen aflossen zodat ik dan misschien een keer een jaar enorm kan niksen als ik wil.

Het voelt gewoon fijner, verantwoordelijk zijn voor je eigen shit. Bovendien zal het me, hoop ik, vrijwaren van het artiestencliché van het financiële fiasco omdat de onbetrouwbare manager alle geldzaken deed – en er met de kas vandoor ging. Dat zal Bruce Springsteen niet gebeuren. 'The Boss', zo gaat het verhaal, betaalt zelf de band uit, daaraan dankt hij zijn bijnaam. Als het niet waar is, vertel het me alsjeblieft niet. Dankzij dit verhaal voel ik me altijd wanneer ik de facturen betaal een beetje rock-'n-roll.

HET GAAT OM HOE JE KIJKT ALS ZE DE KAMER BINNENKOMEN

Dit is er zo eentje, zo'n les van een van die mooie zwarte dichteressen die bij Oprah Winfrey op de bank wijsheden zaten op te boeren. Nou ja, op te boeren. Met een heel lage stem en uiterst traag verteld lijken waarheden nog net een beetje meer waar, dus als Maya Angelou (want volgens mij was zij het) praat over hoe je kinderen voelen of je echt van ze houdt, dan let je wel op.

Ik was nog een jaar of twintig verwijderd van zelf moeder worden, maar deze wilde ik niet missen. 'It... doesn't... matter...' zei Maya. In dit tempo kon ik zwanger zijn voor ze bij het einde van haar zin was, dus ik spoel 'm even *fast forward* voor je. Het komt hierop neer: het maakt niet uit of je wel of geen dure sportschoenen voor je kinderen kan kopen, of je wel of niet naar Disneyland gaat, als je wilt dat je kinderen echt weten dat je van ze houdt gaat het erom hoe je kijkt als ze de kamer binnenkomen. Denk je: hè get, heeft ze nou die broek met die gaten weer aan, en kijk je geïrriteerd, of: als hij nou eens rechtop ging lopen in plaats van dat slungelige gehang, had hij allang een meisje, en kijk je hem misprijzend aan, dan voelt dat heel anders dan wanneer je gewoon kijkt alsof je, nou ja, blij bent ze te zien. Wauw. Dit is mijn kind. Goed zeg.

Ik weet niet of dit gedurende een volledige puberteit vol te houden is, maar oefen anders gewoon vast op de poes. Het is de moeite waard – denk maar aan je eigen jeugd.

WEES MILD VOOR JE VRIENDEN

'Laten we weer eens iets met zijn állen doen,' zei vriendin T. in een vlot aangemaakte appgroep. Met zijn allen, dat betekent: met zijn vieren. Het groepje dat vroeger samen op een kleedje voor de tent dronken werd van de Canei op een guur Waddeneiland, alvorens van de camping te regenen. We hebben samen op school gezeten, zijn samen uitgegaan en hebben elkaar gesteund bij kleine en grote drama's. Die vier meisjes van toen, inmiddels vier vrouwen met totaal andere levens maar met een gedeeld verleden.

'Ik heb een activiteit gepland,' berichtte T. vrolijk nadat we een datum overeen waren gekomen. Prompt overlegden de andere drie dames, buiten haar om. 'Kut, een activiteit, heb jij zin in een activiteit? Maar ja, ik vind het ook zo lullig voor T., die is al helemaal enthousiast.'

De enige die er iets over zei bínnen de appgroep was ik. 'Activiteit? Gewoon een beetje met jullie bijkletsen en eten en drinken, dat is toch al een activiteit?'

Het werd akelig stil, tot de afgesproken dag.

'Ja, aan Clau heb ik dan gewoon schijt,' zei T. vrolijk aan onze keukentafel tegen mijn geliefde. 'Die wilde vroeger ook al nooit een activiteit.'

Dat klopt. Ik heb een hekel aan activiteiten, met zijn allen. Familieweekenden, bedrijfsuitjes, ik spuug er echt op. 'En T. drukte het ook vroeger altijd al toch door,' zei ik. De andere twee vriendinnen, die ook niet zo heel dol zijn op activiteiten maar makkelijkere types dan ik, deden er, net als vroeger, het zwijgen toe. Alles was precies als toen, behalve dan dat we niet meer boos werden op elkaar. Dat we elkaars gekte konden zien en waarderen.

Dus ik heb braaf meegedaan en ervaren hoe het moet zijn om als blinde door de stad te lopen en te high-tea'en (ja, dat was de activiteit, gedoe in het donker. Moet je echt eens doen! Of niet hoor). En mijn vriendin T. heeft gedronken, gegeten én gepraat – wat voor haar weer een hele opgave is.

Oude vrienden hebben meer geduld met elkaar, want ze weten wat de vriendschap waard is.

En wij zijn oude vrienden.

Vriendschap is een raadselachtig iets, alleen al omdat het verwarrend veel lijkt op liefde – en toch iets totaal anders is.

Voor sommige vrienden zou ik evenzeer door het vuur willen gaan als voor een geliefde, en ik geloof ook dat er zoiets bestaat als vriendschap op het eerste gezicht, die blije, bijna verliefde verbazing dat je iemand hebt gevonden die het snápt. Die de wereld een beetje ziet zoals jij, of juist helemaal niet, maar dat je daar dan weer veel plezier in hebt.

Bovendien kunnen vriendschappen, net als liefdes, voorbijgaan. Soms met een hoop drama, alle bijbehorende vormen van liefdesverdriet en scheidingspijn. Of gewoon als een nachtkaars, of een heel stoffig huwelijk.

Goede vrienden, échte vrienden zijn schaars, zeggen alle geraadpleegde wijzen. Cijfers variëren tussen twee en vijf, maar dan houdt het toch echt wel op. Echte vrienden zijn op de vingers van één hand te tellen.

En naarmate je ouder wordt, moet je zuiniger op ze worden. Je moet ze wat meer nemen zoals ze nou eenmaal zijn, want veranderen doen ze niet meer en op jou is ook het nodige aan te merken, zeker nu je ouder wordt, en je karaktertrekken meer uitgesproken. Bovendien zijn er helaas alsmaar minder mensen in leven die jou heel lang kennen. Mensen die weten hoe je vroeger was. Die moet je koesteren.

'Je moet mild naar elkaar zijn,' zegt Geert Mak. 'Iedereen sleept zichzelf toch een beetje met een slag in het wiel door het leven.'

En Hanneke Groenteman: 'Ik heb vrienden die ik bewonder. Als je geen bewondering voor mensen kan voelen, blijft er weinig over. En als je trouw bent, bouw je een soort familie op. Ik heb een vriendenclub waarmee ik elke maandag eet. We doen dat al jaren en kennelijk vinden we het allemaal even belangrijk, want je kunt het niet afdwingen. We zijn zo lang bij elkaar dat we onderlinge irritaties op de koop toe nemen. Ik vind dat je trouw moet zijn aan de mensen die je de rest van je leven met je mee wilt dragen.'

Dus je maakt bewust je families?

'Ja. Met Kerst zitten we ook bij elkaar. We kijken dan hele dagen series. *24* en *House of Cards*. Met af en toe een klein pilletje om wakker te blijven.'

Pilletje?

'Ja, xtc. Van drank of een joint vallen we gelijk in slaap, dan houden we zo'n serie niet vol. Haha.'

Maar, vraag ik me af, moet je altijd zo actief zijn in vriendschap?

Hans Wiegel vindt van niet: 'Als je een echte vriend ineens weer ziet of spreekt, is dat alsof je elkaar gisteren nog sprak. Als je elkaar goed kent, hoef je nooit dingen uit te leggen. Iedereen heeft, als-ie boft, twee of drie vrienden. Meer heb je niet nodig. Mijn beste vriend is de vriend die na het overlijden van mijn eerste vrouw gewoon, op eigen initiatief, een mevrouw heeft geregeld om op mijn kinderen te passen. Dat is van onschatbare waarde. Vriendschap is essentieel. We kennen elkaar vanaf dat hij achttien was. En we hebben ook best jaren gehad dat we elkaar nauwelijks zagen, maar dat is niet erg.'

Van Vliet noemt nog iets anders wat hij belangrijk vindt in een vriendschap: dat ze kritisch op hem zijn.

'Bijvoorbeeld Floor Kist, mijn maat van het Leids Studentencabaret van vroeger. Als ik hem weleens een tekst opstuur, zegt hij: "Niet doen, niet leuk." Dat heb je nodig.'

Waarom eigenlijk?

'Ik heb nooit zonder gekund. En ik zie van sommigen die het niet hebben, dat ze een beetje van de grond losraken. Ik denk dat het noodzakelijk is in ons vak om kritische mensen om je heen te hebben. Want de valkuil is natuurlijk dat je in je eigen glorie gaat geloven.'

Daar heeft Van Vliet gelijk in, maar er is ook een andere kant. Wanneer het je slecht gaat, leer je je vrienden kennen. Maar het tegenovergestelde geldt ook, en misschien is succes wel een even zware test voor de vriendschap.

Geert Mak: 'Doordat jij verandert, veranderen vriendschappen. Een enkele keer houdt een vriendschap dat niet vol. Daar lig ik van wakker, maar het is nu eenmaal zo. Als je succes hebt, als je in het zoeklicht staat, ontstaan er heel rare processen. Oh, jaloezie is zo'n geniepige demon! Soms moet zo'n vriendschap gewoon even door zo'n fase heen. Je hebt dat soms ook binnen de familie, dat men eraan moet wennen dat dat broertje of zusje, dat lelijke eendje, opeens zo is uitgegroeid. Er komen werkelijk hele rare krachten los, als je succes hebt. Mensen vliegen op je af en dan denk je: vinden ze me echt aardig of is er een verborgen agenda? Soms is het gemeend en soms niet. Je moet niet wantrouwig worden, en evenmin arrogant, je moet wel leren om met die krachten om te gaan.'

Vond Geert dat moeilijk?

'Ja. En soms pijnlijk. Soms merk je dat je sommige mensen bent kwijtgeraakt. Dan voel je dat je met hen niet alles meer kunt delen omdat zoiets niet in goede aarde valt. Je past je dan aan, maar daarmee verwatert de vriendschap. Maar dat ligt ook aan mij. Ik heb heel lang gedacht: oké, het succes gebeurt, maar ik blijf bij mezelf. Dat is voor een groot deel gelukt, maar je verandert onmiskenbaar. Ik heb harder moeten zijn dan ik eigenlijk ben. Je raakt aan dingen gewend. Je verandert. Maar gelukkig, de meeste vrienden die we hebben zijn daarin fantastisch meegegaan. Ik ben ze zeldzaam dankbaar dat ze zich geen barst van al dat opgeklopte gedoe hebben aangetrokken. Dat ze trouw zijn gebleven. '

Of het nou succes is als auteur, als leraar of bankbediende, je verandert. En misschien nog wel meer als je persoonlijke leven verandert. Vrienden die kinderen krijgen moet je vier jaar in de standby-stand zetten, is mijn ervaring. Kinderen zijn gewoon heel veel gedoe, vooral de eerste vier jaar. Daarna krijg je weer een beetje ruimte, en tijd, en zin om die tijd gewoon eens een beetje met vrienden te vermorsen zonder voortdurend te hoeven denken: 'nu kan ik eindelijk even slapen/werken/iets aan mijn relatie doen.

Nog erger is een vriend of vriendin die verliefd is. Die moet je minstens een jaar pauze geven. Er is geen zinnig gesprek mee te voeren, behalve als je dol bent op te intieme details en het eindeloos interpreteren van berichtjes op andermans telefoon: 'Kijk, hij stuurde dit. Maar wat bedoelt hij nou, hè?' Zeg: 'Volgens mij houdt-ie van je', bestel nog een drankje en ga naar huis. Wacht een jaar en zorg dat je klaarzit als je de eerste haarscheurtjes zichtbaar worden. Als het een echte vriendschap is, hebben ze het voor jou ook gedaan.

SLAAP ER EEN NACHTJE OVER

Als er nou één opmerking is die me altijd verschrikkelijk irriteerde, was het deze wel. Alsof ik er nog een nachtje over moet slapen! Alsof ik niet nu al weet wat er aan de hand is en hoe het zit en wij hier binnen nu en een paar minuten uit gaan komen! Alsof ik een klein kind ben dat haar gedachten niet kan ordenen zonder eerst zoiets doms en basaals als een dútje te hebben gedaan! Doe eens normaal.

Maar goed, daar is inderdaad de verstandige wending: eigenlijk ben ik dus wel een klein kind dat af en toe een dutje moet doen. En jij ook. Iedereen heeft een paar *basics* als slaap, eten en drinken nodig om een beetje normaal te functioneren, en zeker emotionele kwesties zijn gebaat bij rust. Als ik moe ben, kan ik helemaal doordraaien op een probleem dat, bekeken door uitgeslapen ogen, niet eens blijkt te bestaan.

Ik weet wel dat ik hier een open deur intrap, maar als jij nu met dit boek in bed ligt bij het schijnsel van je telefoon – toch maar een stukje lezen want je kunt het niet uitstaan dat je geliefde ondanks de ruzie gewoon naast je ligt te snurken, of je hebt dat examen echt heel goed geleerd, maar je kunt de rust niet vinden om het los te laten, of je ligt je gewoon weer eens druk te maken over je ouders/kinderen/anders, namelijk –, geloof me dan en laat me die open deur nóg eens intrappen voor je: ga nou eerst even lekker slapen.

Als je morgen wakker wordt ziet de wereld er écht heel anders uit.

SPEECH! SPEECH!

We zaten met alle andere ouders in de klas op veel te kleine stoeltjes voor onze grotemensenbillen te kijken naar onze kinderen. De slotpresentatie van het stenenproject stond op het programma. Sommige kinderen durfden een praatje te houden over wat ze de afgelopen weken hadden gedaan. Anderen keken in opperste concentratie naar de luxaflex. (De mijne koos de gulden middenweg door een zelf gekleid fossiel in de lucht te houden terwijl zijn buurman er prachtig over vertelde.)

Als laatste was Morris aan de beurt, een mooi kereltje met onvoorstelbaar open, blauwe ogen.

'Ik wil graag iets vertellen over opgravingen. We zijn met de hele klas naar het museum geweest – leuk dat jullie er allemaal zijn trouwens.'

Vertederd gelach uit dertig kelen. 'Leuk dat jullie er allemaal zijn'. Hij zei het met een schwung, een flair, een souplesse – met iets waar ik geen Nederlands woord voor weet. En het werkte. Alleen maar door de woorden 'leuk dat jullie er allemaal zijn' te zeggen, vonden wij het ineens heel erg leuk dat we er allemaal waren. Dat vonden we natuurlijk al, maar nu was het benoemd. Nu was het waar.

Ik durfde nooit te speechen. Op een podium ja, voor een zaal vol mensen die ik niet ken, daar kan ik altijd wel goed mijn diepste gevoelens delen. Maar in intiemere kring is het toch moeilijk. Straks denkt iedereen nog dat ik de aandacht wil. Straks zeg ik iets heel stoms. Straks moet ik ineens huilen. Of nog erger, straks slaan mijn grappen dood. Bovendien, iedereen weet toch wel hoe ik erover denk.

Met die schijnbewegingen zwijnde ik me er altijd onderuit, totdat mijn toenmalige impresario, Pim Wallis, jaren geleden na een première van onze voorstelling naar de artiestenfoyer kwam en de hele crew bij elkaar riep. 'Voor we met de buitenwacht aan de borrel gaan, eerst even samen. Iedereen die op het podium stond, iedereen die achter de schermen heeft meegewerkt en alle partners.' Daar stonden we, wat ongemakkelijk met een glas champagne in de hand. Maar Pim nam het woord en deed niets anders dan benoemen wat ieders rol was geweest, en daar even aandacht aan geven. Na ons allemaal een verbale aai over de bol te hebben gegeven zei hij: 'En dan nu nog een toost op het thuisfront. Op alle partners, want ik weet: het is niet altijd makkelijk.' Aan de verbaasd-vochtige blikken was te zien dat hij gelijk had. En dat het fijn was dat iemand het een keer zag. Dat iemand het een keer zei.

Speechen is eng. En mensen zijn verlegen. Alle mensen?

Ja. Alle mensen. Ook Hans Wiegel. Hij was een verlegen kind, vertelde hij eerder die middag, en: 'Ik denk dat ik niets ben veranderd. De verlegenheid is hetzelfde als vroeger. Ook als je een verhaal moet houden. Ik heb heel goede herinneringen aan professor Oud, hij was een groot staatsrechtgeleerde en leider van de VVD. Een van de beste die we ooit gehad hebben. Er was een televisie-uitzending, toen was er nog nauwelijks televisie, het was 1962 of zo. Het was een gesprek met de voorzitters van de verschillende politieke jongerenverenigingen dat zou worden geleid door de heer mr. G.B.J. Hilterman. En het gesprek werd ingeleid door professor Oud. Het was een spijkerharde man. Ik had een ongelofelijk ontzag voor hem. Die wist in zijn tijd te combineren: het burgemeesterschap van Rotterdam, fractievoorzitterschap van de VVD in de Tweede Kamer, partijvoorzitter, hoogleraar én voorzitter van de Vereniging van Nederlandse Gemeenten. Zo'n man. En bij die bijeenkomst rammelde hij er alle agendapunten door. Toen zei iemand uit de zaal: ja maar professor, we zitten hier toch niet alleen maar om ja en amen te zeggen? "Ja" is genoeg, zei Oud. Hij was absoluut in charge. Onzeker als ik was, wilde ik zijn geheim leren. Dus ik ben later naar hem toe gegaan en ik zei: professor, ik ben zo ontzettend zenuwachtig. Hij zei: ik ook. En als je het niet bent, gaat het niet goed. Daar heb ik van geleerd. Dus ik heb het nog steeds, al is het een klein flutverhaaltje voor de plaatselijke vereniging. Maar als het begint, dan ben je het na een halve minuut kwijt.'

Heeft Wiegel dan toevallig ook tips voor een goeie speech?

'Heel simpel: bereid je goed voor. Je moet je er niet met een jantje-van-leiden vanaf maken. Het moet goed zijn. Ik heb geen uitgeschreven tekst, maar wel een aantal belangrijke punten zodat ik altijd iets achter de hand heb. Soms vertel ik iets wat helemaal niet in die punten staat. Maar ik heb wel die punten bij de hand zodat ik erop terug kan vallen zodra ik de draad begin kwijt te raken.'

Het is gewoon fijn als iemand het eens een keer zegt, en het hoeft niet mooi, het hoeft niet welsprekend, het hoeft niet virtuoos. In onze familie speecht mijn vader al zolang ik me kan herinneren, en mijn moeder staat er dan naast. Zij heeft zijn speech mede bepaald, en gezegd wat hij vooral wel en niet moet zeggen, maar zelf kan ze het niet. Tot laatst, toen ze vijfenzestig werd en al haar vrienden en familie bij elkaar had. Allemaal, behalve haar overleden broer. 'Ik wil een toost uitbrengen,' zei ze, 'op iedereen die er is. En. Ook. Op.' Ze moest zichzelf voor ieder woord opnieuw herpakken om niet in snikken uit te barsten. 'Iedereen. Die. Er. Niet. Is.' We moesten allemaal huilen om hoe mooi zij het wel niet had gezegd, en onze jongste ging zijn knuffelmuis bij haar brengen om te laten voelen welk stukje nou precies het zachtste was.

Zo moet dat dus. Bedenk wat je ongeveer wilt zeggen, en zeg het.

Ik vind speechen nog steeds doodeng, maar ik probeer het tegenwoordig wel te doen als het maar enigszins toepasselijk is. Het ergste wat je kan gebeuren is dat je het zoveel gaat doen dat ze er op je begrafenis om moeten lachen dat je altijd zoveel speechte. En daar komt dan vast weer een mooie speech over.

GA IN THERAPIE

Na mijn scheiding ging ik voor het eerst in therapie. Tot die tijd haalde ik er binnen mijn kennissenkring altijd een soort trots uit dat ik de enige was die nog nooit in therapie was geweest – wat een onzin – maar na de relatietherapie, die weliswaar het huwelijk niet kon redden, maar wel de twee mensen die erin zaten, ging ik solo nog even door. Geert Mak heeft een soortgelijk traject doorlopen: 'Het was een uit de hand gelopen relatietherapie. Je begint ermee, we hadden relatieproblemen dus we holden heel makkelijk naar therapeuten, maar tijdens die therapie explodeerde die relatie al heel snel. Toen zijn we apart verdergegaan, en ik heb het daarna nog een jaar of twee gedaan. Ik ben er heel blij mee. Ik heb er veel van geleerd. Dingen die ook pas veel later op zijn plek rollen. Die je in therapie ontdekt en dan weer vergeet. Het zit hem ook in de manier van denken, een zelfonderzoek waar ik veel aan gehad heb. Die vriendelijke, maar toch strenge vragen van een therapeut zoemen nog wel eens door mijn kop. Ik kan het iedereen aanraden als je in de war bent over jezelf. Het helpt. Het helpt vooral in de manier van kijken.'

De manier van kijken. Die kan een therapeut veranderen ja, hoewel er ook andere wegen zijn. Herman van Veen praat niet met de psychiater, maar met iedereen die het horen wil. 'Ik ben nogal een flapuit, kan nooit lang in sores blijven hangen, praat iedereen de oren van het hoofd,' vertelt Herman. 'Met wie, dat maakt niet uit. Familie, de portier, de barkeeper, een taxichauffeur, de buurvrouw. En daarna maak ik er vaak een liedje over.'

Die weg volg ik ook, soms, maar wat de therapeut – mits een heel slimme – voor je kan doen is toch wel weer anders. Zoals ik dankzij die blauwe maandag op de universiteit een klein beetje begrijp van academisch denken (daar gingen namelijk ongeveer de eerste tachtig blokken over, daarna stopte ik) kan ik dankzij de therapie mezelf eerlijker toespreken. Waarom reageer ik hier zo jaloers op, of zo boos?

'Ooo, daar hebben we hem weer!' joelt Geert Mak. 'Ik heb een fantastisch orgeltje van schuldgevoel bij mezelf ingebouwd en heel langzaam leer ik het af om daarop te spelen. Door Mietsie. En door therapie. Het is ook opgroeien in armoede. Mijn moeder was ziek, en mijn broer, op wie ik dol was. En een kind van drie, vier, dat denkt megalomaan, denkt dat alles zijn schuld is. Als je in zo'n sfeer opgroeit, met het gereformeerde geloof er nog bovenop, dan heb je de neiging om het allemaal naar je toe te trekken. Dan denk je snel: als het misgaat, is het mijn schuld. Voordat je in therapie gaat, vind je alles van jezelf normaal. In therapie leer je er toch een paar vragen bij te stellen. Is mijn reactie wel normaal? Is die niet overdreven? Of kijk ik weg van iets? Als je het weet, dan is dat het begin van het veranderen.'

Dankzij therapie kun je soms ook met wat meer mededogen naar je eigen abnormaliteit kijken, vind ik. Zo'n therapeut kan heel streng zijn, maar je soms ook laten zien dat sommige dingen ook best zielig zijn voor je. Gênant, maar ik vond dat fijn. Als er een keer mag worden vastgesteld dat 'dat en dat niet makkelijk moet zijn geweest', dan heb ik er een soort virtuele aai voor over mijn bol gekregen, kusje d'r op, over.

Nou is er in mijn leven echt verdomd weinig aan de hand geweest – het is dus ook een misvatting dat je alleen maar in therapie mag als je een slechte jeugd hebt gehad. Er gebeuren gewoon in elk leven dingen die moeilijk het hoofd te bieden zijn. En in sommige levens wel heel veel.

Hanneke Groenteman vertelt: 'Ik ben echt een *survivor*. Het is een karaktertrek, maar ik heb in mijn eerste jaren ook echt moeten overleven. De eerste jaren van mijn leven moeten mij een soort kracht hebben gegeven. Ik was drie toen ik ging onderduiken, tot mijn zesde. Ik leef nu helemaal mee met de kleinkinderen, dan herleef ik mezelf. Ik ging logeren, dacht ik, en ik had een pop en die heeft mijn moeder toen aan een vriendinnetje gegeven, want die ging niet onderduiken en zij was ontzettend jaloers op mij dat ik dat wel ging doen. Dat geloof je toch niet! Bij logeren dacht ik de eerste dag: prima, de tweede dag: beetje vreemd dit, en de derde dag ga je eens vragen: wanneer ga ik weer naar huis? En dat duurt dan jaren. Ik denk dat je daar iets ontwikkelt. Ik ben op heel veel verschillende adressen geweest. Met de mensen met wie ik de laatste anderhalf jaar van de oorlog ben geweest heb ik altijd nog heel veel contact gehad. Ik beschouwde hen echt als mijn familie. Bijna nog meer dan mijn eigen ouders. Nu is iedereen wel dood.'

We luisteren ademloos.

'Na de oorlog was ik vervreemd van mijn ouders. En tante Cor en ome Kees – bij wie ik ondergedoken was – dat was gezellig naar de kerk. Ik had daar ook allemaal broertjes en zusjes. Dat miste ik verschrikkelijk. Mijn ouders waren heel goed voor me hoor, maar ze begrepen me niet. Bovendien waren ze ernstig beschadigd door de oorlog. Mijn vader heeft zijn ouders weggehaald zien worden. Nou ja. Zo'n joods verhaal.'

Heeft Hanneke iets aan therapie gehad?

'Ach. Ik vind het lastig om heel vertrouwelijk met mensen te zijn. Dat is niet meer te herstellen. Therapie is goed, maar dan analyseer je de symptomen ervan. Daarmee los je het niet op. Je begrijpt je pijn en dan doet het minder pijn. Je wordt door therapie iets vriendelijker over jezelf. Je neemt het jezelf niet meer zo kwalijk.'

GA OOK WEER UIT THERAPIE

Huppekee!

Het is geen hobby, hij/zij is niet je vader of je moeder, je kunt het zelf. (Tenzij je het nog niet zelf kunt, en dan heb ik niks gezegd. Maar het idee is dus dat je het op een dag weer zelf kunt. Huppekee.)

VRAAG!

‘Serieus?’ vraagt ze met het flesje knalroze nagellak in haar hand alsof het een dooie muis met open tbc is, ‘deze kleur?’

‘Lachen toch,’ zeg ik. ‘Het is zomer. Slippertjes aan. Dansen en gek doen.’

‘Oké, prima. Je kan het er altijd weer afhalen.’

Een wijze vrouw, mijn pedicure. Wijze lessen heeft ze ook. Als ik met haar praat over wat er te leren valt van ouderen vertelt ze: ‘Ik kom dus de hele tijd bij die ouwe mensen thuis, hè, want die hebben allemaal écht moeilijke voeten (ze kijkt meewarig naar mijn roze nagels en ik voel me decadent) en ik heb ontdekt wat het geheim is van leuk oud worden.’

Als ik op het puntje van mijn stoel kon gaan zitten zou ik het doen, maar dan schiet zij uit met de nagellak en daarvoor zitten we hier uiteindelijk. ‘Wat dan?’ vraag ik dus.

‘Je moet je omringen met mensen uit verschillende leeftijdscategorieën. Dat is de truc.’

Onwillekeurig dwalen mijn gedachten naar een feestje in Carré, een paar jaar geleden. Herman van Veen werd vijfenzestig. Hij had allerlei mensen die hij leuk vond gevraagd mee te spelen, variërend van de toen net ontdekte Kyteman tot de in de artiestenfoyer vertrouwd mopperende Hans Dorrestijn. Er waren bejaarde mensen die een stukje mee zouden zingen in het koor, en heel veel als eend verklede kleuters die allemaal dachten dat ze Alfred J. Kwak waren. Een groot en mij onbekend gezelschap, dat toch binnen een ogenblik voelde als: dierbaar. Dat verbaasde me, want ik vind grote groepen eng en ben altijd een beetje bang om erbuiten te vallen, bang dat de anderen elkaar allemaal al kennen, bang dat iedereen stoerder is dan ik. Dat was hier niet zo, ondanks het riante aantal nogal indrukwekkende collega's dat er rondliep. Maar vanwege al die leeftijdscategorieën, de bejaarden en de kleuters en alles ertussenin, waren we op slag een familie. En familie, dat voelt veilig. Hoe kwam Herman erbij om dat zo te doen, vraag ik hem, inmiddels ruim vijf jaar later. Waarom omringt hij zich, ook in zijn band, met al die verschillende types van al die verschillende leeftijden?

'Misschien heeft dat met mijn nieuwsgierigheid te maken,' zegt hij. 'Ik wil altijd onbeschaamd veel weten. Van oude mensen wil ik weten: hoe doet u dat? Van jonge mensen: waarom wil je dat in godsnaam? Van kinderen: wat ga je later doen als je groot bent? Dat heb ik van thuis. Het was een huis vol Aagjes.'

Nieuwsgierigheid, dat is de sleutel.

'De mensen die vrolijk zijn, verschillen van de chagrijnen in één belangrijk opzicht,' zegt de pedicure dan ook. 'Bij die treurtypes begint er zo gauw je binnenkomt een klaagzang. En het ís ook niet makkelijk hoor, oud worden, ze mogen best mopperen, daar niet van. Maar ze knappen er zelf dus ook niet echt van op. De mensen die leuk oud worden, die vragen altijd al heel snel: maar hoe is het met jou? En met je vriend? Hoe was je vakantie, waar ben je geweest? Zij hebben ook altijd meer bezoek.'

Nieuwsgierig zijn, dat is het. Willen weten wat de mensen om je heen bezighoudt, maakt dat die mensen graag bij jou zijn. De vraag is of je jezelf dat kunt aanleren of dat je nou eenmaal nieuwsgierig van aard bent of niet. Ik zou zeggen: *do be do be do*. Als je het gewoon doet, vragen stellen, dan bén je geïnteresseerd. En als je dan merkt hoeveel lol je daarvan kunt hebben, blijf je misschien wel zo. En dan blijf je dus meedoen, bij de wereld horen.

Neem de oom van Hans Wiegel. Als we bij hem thuis aan de tweede oliebol en de rest van ons gesprek willen beginnen, moet hij even weg om de telefoon op te nemen.

'Ja, ja, was prachtig,' horen we hem zeggen. 'Zeker. Mag ik je dan straks even terugbellen? Ik ben nu in gesprek, dan praten we wat uitgebreider.' Terug aan tafel zegt Hans Wiegel: 'Dat was mijn oom. Hij is vierennegentig. Belde even om te vragen hoe kerst was geweest.'

PROBEER NIET (TE) JALOERS TE ZIJN

Hedy d'Ancona en Aat Veldhoen zijn niet elkaars eerste liefde. En ook niet de tweede, en verder hou ik maar op met tellen. Maar ze zijn wel elkaars enige liefde in het hier en nu. Heb je dan geen last van jaloezie op het verleden? wil ik van Hedy weten. Je hebt allebei een vroeger, met andere liefdes.

Daar heeft Hedy helemaal geen last van: 'Ik ben überhaupt niet zo jaloers aangelegd. Ook niet bij mijn andere mannen. Terecht of onterecht. Jaloezie is onterecht natuurlijk. Het is een ongefundeerd gevoel.'

Ja maar ja. Ongefundeerd of niet, het kan akelig zeer doen. Ik zou het liefste willen dat mijn geliefde haar hele leven alleen op mij had zitten wachten en voor die tijd niks met niemand... hoewel. Waarschijnlijk vinden we het ook zo leuk samen doordat we weten hoe het gaat, in de liefde, ook met anderen. Daar jaloers op zijn, is stom en zinloos, het is fictieve pijn, maar ik kan niet ontkennen dat ik die wel eens heb gevoeld. Achteraf had dat altijd met onzekerheid over mijn eigen positie te maken. Zowel in de liefde als in het vak. Nu ik zo'n beetje mijn vorm gevonden heb, ben ik niet meer jaloers op collega's, maar vroeger kon ik sommigen echt wel van het podium af sláán.

Willeke Alberti, heeft die ook wel eens last gehad van jalousie de métier?

'Nee, nog nooit gehad,' zegt ze. 'Welnee joh, ik geniet zo van talent. Wij hadden natuurlijk ook zo'n kluppie: Trea Dobbs, Anneke Grönloh. En ze riepen vroeger allemaal om Anneke, zij was heel populair. Pas bij "Spiegelbeeld" gingen de mannen ook naar mij roepen. En toch was Anneke jaloers op mij dat ik een vader en moeder had die bij elkaar waren. Anneke was heel verlegen. Had meer ongemak met zichzelf. Ik was een huppelend kind dat altijd blij was. En nog ben ik positief. Manisch zeggen ze soms.'

Hmm. Dit klinkt inderdaad niet als jalousie de métier, maar misschien is dat ook wel logisch. Als Dafne Schippers bij de prijsuitreiking van de 100 meter sprint op het blokje met die grote 1 erop mag staan, is ze ook niet jaloers op nummer 2 en 3. Winnen, dat helpt ook goed tegen jaloers zijn. En als ik dan toch iets positiefs mag zeggen over deze weinig omarmde emotie: zeker in werk kan het de motor ook enorm op stoom brengen. En in relaties ook, *for that matter*. Als je verkering nog altijd een beetje jaloers is wanneer je wel erg hard moet lachen om de grapjes van een ander, betekent dat in elk geval dat-ie nog kijkt.

ZEG OP TIJD NEE

Ik ben opgevoed met de kreet: als je er eenmaal bent, vind je het hartstikke leuk. Dan had ik geen zin in een feestje, maar mijn moeder stuurde me er, onder dat motto, toch naartoe. En ze had vaak gelijk – nog los van het feit dat ik anders überhaupt nooit van de bank af was gekomen – maar soms ook niet. Inmiddels durf ik mijn eigen onderbuik te vertrouwen. Soms heb je ergens geen zin in, en terecht. Dat mag. Bel af, doe die geit weg. Want éígenlijk weet je al dat je geen zin hebt in die klus/die afspraak/die persoon.

Als je zelf ouder wordt herhaal je onwillekeurig meer uit je eigen jeugd dan je denkt, maar gelukkig reageert je kind toch weer heel anders dan jij vroeger. Mijn zoon zei al op zijn vijfde regelmatig: 'Mama, als ik er eenmaal ben, vind ik het óók niet leuk.' Dat inzicht heeft mij veertig jaar gekost.

Maar Hanneke Groenteman heeft er een goeie truc voor, geleerd van schoondochter Aaf: 'Bij alles wat je doet heb je de drie P's, zei ze. Poen, plezier, prestige. Twee moeten er positief kunnen worden afgevinkt. Als het er één is, is het te weinig. Ik vond dat een ontzettende goeie van Aaf. Het voelt alsof het klopt. Ik moet ook af en toe nog eens wat geld verdienen. Dan moet ik zo'n klus doen. Maar toch is het lekker om die P's langs te lopen. Ik word er ook wel beter in nu ik ouder word.'

Gelukkig maar. Weer iets wat beter wordt naarmate je ouder bent. Want tegenover die drie P's staat, bij mij althans, vaak een hele grote P klaar om ze alle drie te vermorzelen, en dat is Plichtsbesef. Plichtsbesef is een nare. Soms goed, want afspraak is afspraak, maar soms heel slecht voor je, omdat niet elke afspraak al jouw moeite waard is.

Hanneke vertelt: 'Laatst gaf Lena Dunham (schrijver van de televisieserie *Girls*) een lezing, die vrouw is zo hot. Ze deed dat ontzettend goed. Toen vroegen ze aan het einde van het interview aan haar: heb je nog een advies voor het publiek? En toen zei ze: zeg op tijd nee. Nou, de volgende ochtend blies ze haar tournee af. Ik denk ze aan het eind was.'

WEES BLIJ

In een zilveren ringetje dat ik eens voor mezelf heb gekocht staat met kloeke letters gegraveerd: WEES BLIJ.

Ik had wel een glimmertje verdiend, vond ik destijds. Het was na een periode van veel fysieke ellende en operaties. Ik draag hem nog weleens, en ik ben het nog steeds met mezelf eens. Wees blij. Altijd als er iets aan de hand is waar ik niet gelukkig mee ben, kan ik, als ik twee stappen verder denk, inzien waarom het wel degelijk iets is om blij mee te zijn.

Als je, ik noem maar wat, in de verhuisstress zit, kun je daar ongelukkig van worden. Maar wat eronder zit, is meestal iets goeds: je gaat naar een plek waar je naartoe wilt, een beter huis, of ergens vandaan waar je niet meer wilde zijn en hoe lastig ook, het wordt beter dan het was. Je hebt verhuisstress? Wees blij.

Er is een hele beweging die dit 'omdenken' noemt. Hans Wiegel noemt het gewoon 'je zegeningen tellen'. 'Veel mensen zeggen: wat een ellende heeft die man toch, twee keer weduwnaar. Maar ik heb tot twee keer toe de liefde gekend. En heb ik óók nog die kinderen. Je moet je zegeningen tellen.'

Erica Terpstra noemt het 'een ander licht op de zaak laten schijnen' als we kletsen over het hebben van een optimistische uitstraling – zij *outshinet* mij met straatlengtes – en hoe mensen die vaak als vanzelfsprekend zien. Jij bent gewoon altijd vrolijk, denken ze. Van Erica sowieso, maar ik heb ook wel meegemaakt dat er een vriendin van mijn geliefde bij ons thuis op bezoek was die stomverbaasd reageerde op mijn weerbarstige gestommel toen ik mijn spullen moest gaan pakken om naar het theater te gaan. De open haard stond aan, er werd net een wijntje opengetrokken, zo'n fijne koude wintermiddag – waarop ik dus een voorstelling mag gaan spelen. 'Heb je zin?' vroeg ze. 'Straks wel,' zei ik, 'maar nu moet ik wel even iets mobiliseren.' 'Goh,' zei ze verbluft, 'ik dacht altijd dat het bij jou gewoon vanzelf ging.'

'Wat een onzin,' zegt Erica Terpstra lachend. Want ja, het kost haar ook wel degelijk moeite om die positieve energie op te brengen, vertelt ze. Ze is er heel bewust mee bezig. 'Door op het moment dat je in negativisme wegzakt, heel bewust te zeggen dat je dat niet wilt. Het is natuurlijk iets wat me met de paplepel is ingegoten. Ik had zo'n moeder die zei: joh, kom op, kijk eens om je heen, er gebeuren ook nog andere dingen. Er is geen gat zo diep of er is wel een lichtpuntje. Dat kun je trainen. Absoluut. Door te kijken waar het wringt en daar dan een ander licht op te laten schijnen.'

Wees blij. Het lukt me lang niet altijd. De kreet 'geluk is een keuze' bijvoorbeeld, waar Erica in gelooft, kan ik niet met hart en ziel uitroepen. Het leven vind ik soms, om met die mooie lieve René Gude te spreken, best wel een gedoetje. Maar: je leeft het. Wees blij.

VERZOEN JE MET WIE JE BENT GEWORDEN

'The fundamental loneliness goes
Whenever two can dream a dream together,'

zingt Frank Sinatra. De fundamentele eenzaamheid. Ik ken die maar al te goed, en denk dat kunst en drank zijn uitgevonden om ermee om te gaan. En soms, heel soms heb je het enorme geluk dat 'two can dream a dream together'. De fundamentele eenzaamheid. Ik ben nog nooit iemand tegengekomen die het ook zo noemt, dat lege gevoel dat we, vrees ik, allemaal kennen. Tot ik het geluk had met Paul van Vliet in deze dialoog te belanden.

Paul: 'Er is kennelijk een essentiële en fundamentele eenzaamheid die niet opgevuld wordt door het vak. Want dat is ook een les die ik geleerd heb, dat uiteindelijk het vak niets oplost. Ik heb gisteren weer in een barstensvolle schouwburg gespeeld. Mensen vinden het prachtig, gaan aangedaan naar huis, maar het lost niet mijn fundamentele eenzaamheid op. Hoe mooi ik het ook vind. En hoe bijzonder ik het vind dat ik dit staartje aan mijn carrière heb. Het ís ook bijzonder.'

Is die *fundamental loneliness* ook niet de bron waar alle kunst vandaan komt? opper ik voorzichtig.

'Misschien is dat het,' zegt Paul. 'Zolang je het maar niet romantiseert. Van de clown die in de nacht thuis de tranen voelt opwellen. Want het heeft niets romantisch.'

Ik voel dat we het over hetzelfde hebben. En ik zeg: die fundamentele eenzaamheid los je dus niet op met het vak, met je werk. Maar heel af en toe toch wel? Heel af en toe hef je dat op met een voorstelling waar je boven alles uitstijgt en één wordt, één lijkt te worden, met iedereen? Wat je ook kan hebben in de liefde.

Paul straalt even. 'Ja, zeker. In momenten van grote intensiteit, ook zonder seks. Bijvoorbeeld, we reden een keer in de Pyreneeën op een weggetje, heel hoog. We zetten de auto neer. We waren helemaal alleen en toen hoorden we ineens Bach uit de autoradio. Dat was zo'n moment van gewichtloosheid. Wat Kundera 'de ondraaglijke lichtheid van het bestaan' noemt. Dat soort momenten hebben we gelukkig gehad, binnen het vak en buiten het vak.'

Waarschijnlijk kun je die eenzaamheid nooit langer opheffen dan die paar momenten, zeg ik tegen Paul.

'Maar het is wel iets waar ik in dit stadium van mijn leven naar op zoek ben. Je moet ook zonder dat vak kunnen. Over een of twee jaar is het echt mooi geweest, en dan moet ik een nieuwe invulling van mijn leven vinden. Dat ik niet in een gat val. Dat Lidewij en ik dat samen vinden. Dat er een grote eerlijkheid is, een totale overgave. Misschien is het dat. Ik heb een keer een brief aan God geschreven, op verzoek van de EO. Ik schreef dat ik in het allerlaatste stadium misschien God nog een keer tegenkom. Ik zal dan weten dat het God is als ik me totaal heb overgegeven en mijn eenzaamheid zal zijn opgelost. Dan heb ik waarschijnlijk God ontmoet. God tussen aanhalingstekens dan, hè. Ik hoop dat het me gegund wordt. Ik lees wel eens dat mensen zeggen dat ze vanaf hun tachtigste gelukkiger zijn geworden. Ik ben nog niet zo lang tachtig dus het kan nog gebeuren, maar ik zie het niet komen hoor. Het gaat om het vinden van de ruimte om je te verzoenen met jezelf. Om je te verzoenen met wie je bent geworden, dat is het streven in mijn leven nu.'

Dat vind ik mooi. Je verzoenen met wie je bent. Nico ter Linden, met wie Paul van Vliet nog in de zandbak heeft gezeten (ze zaten op dezelfde kleuterschool), praat eerder over vrede vinden. Het doel is vrede. Met het leven, met anderen, met jezelf. Dat wil iedereen toch, tachtig, veertig of twintig jaar oud?

'Ja,' verzucht Paul. 'Vrede. Je verzoenen met wie je bent. Je ziet wel eens oude mensen samen. Laatst waren we op bezoek bij een goed bevriend stel, ook uit het vak. Toen we naar huis reden was ik een beetje in de war. Híj heeft al jaren geen enkele ambitie meer, woont in een klein huisje met haar en is heel gelukkig. Ze hebben weinig verlangens, niets nodig. Ze zei: ik vind het heerlijk als hij eens zegt: zullen we een taartje gaan eten in de stad? Dan hoef ik verder niets meer. Toen we naar huis reden zei ik: het heeft toch wel iets, hè, dat je tevreden en rustig het leven accepteert zoals het is geworden. Het is ook wel iets om naar te verlangen. Maar ik heb toch ergens altijd te veel brandend verlangen. Ambitie. Het idee dat je ooit nog...'

Paul zwijgt ineens. Maak je zin eens af? vraag ik. Ooit nog?

'Dat je ooit nog eens een verpletterend lied zal schrijven. Of een boek. Ja.'

Zou er dan geen vrede te vinden zijn in dat wat er altijd is? Die noodzaak om iets te maken? Het zit waarschijnlijk in je karakter, opper ik.

'Ja, dat is wel goed wat je nu zegt.'

Misschien is 'ik ga nu een lied schrijven dat alle andere liederen overbodig maakt' wel jouw taartje eten in de stad. Jouw status quo.

'Ja.'

Zeg ik dan maar, hè. (Ik schrik er zelf een beetje van.)

'Ja,' zegt Paul weer, 'maar het is wel een interessante gedachte. Want dat is dan hetzelfde als je verzoenen met degene die je geworden bent. Ik heb me wel verzoend met mijn verleden. Natuurlijk, ik had dingen anders moeten doen, ik heb dingen overgeslagen, zoals het krijgen van kinderen – dat blijft jammer. En ik heb mensen gekwetst. Ik heb van alles verkeerd gedaan, maar ik heb er eigenlijk geen spijt van, want ik wás toen zo. Ik heb geen zin om daar een schuldgevoel over te hebben. Maar er is nog wel wat te doen, en dat is de verzoening met hoe je geworden bent. En dat is wijs, Claudia, dat je je misschien moet verzoenen met het feit dat je die ambitie nog houdt. Dat het erbij hoort en dat het niet erg is. Maar ja. Ik denk wel eens: ik moet dat toch allemaal niet meer willen. Tachtig.'

Leonard Cohen is eenentachtig, en die schijnt nu zijn mooiste concerten te geven, sputter ik tegen.

En Paul zegt: 'We hadden laatst vrienden te eten en die zeiden: we hebben je nog nooit zo goed gezien. Ik zei: nou, dat heeft dan lang geduurd, hè.'

ALS HET MAKKELIJK WAS ZOU IEDEREEN HET DOEN

Zo zegt mijn vader het, en hij heeft het weer van Baruch de Spinoza, die zei: al het voortreffelijke is even moeilijk als zeldzaam.

Maar dat vinden wij zeldzaam moeilijk te onthouden, dus is er het voortreffelijke 'Als het makkelijk was, zou iedereen het doen' om jezelf voor te houden als het weer eens tegenzit allemaal.

Ik vond weleens dat het mij allemaal niet kwam aanwaaien, bijvoorbeeld in mijn carrière. De afwijzingen, de kritiek, de lastige beslissingen, ik kon (en kan) er soms niet meer tegen. Maar als ik dan denk aan de Spinoza-quote, scheelt het. Dit ís moeilijk, dat hoort het te zijn, en daarom komt het zo weinig voor – of het nou gaat over de liefde vinden, iets nieuws verzinnen of de marathon lopen. Het is moeilijk. En juist daarom is het zo gaaf dat jíj het doet.

IEDEREEN DOET ECHT ZIJN BEST

Je moet proberen mild te zijn naar anderen, en hun bedoelingen.

Ik heb zelf soms veel moeite deze les uit te voeren, maar het is toch een van de belangrijkste.

Mild zijn, niet direct denken dat je weet hoe het zit, niet meteen oordelen, het is bij sommige mensen heel lastig. Dat kind dat altijd een beetje viezig ruikt als het hier thuis komt spelen is irritant, de vrouw die haar kind elke ochtend weer te laat op school brengt een stomme trut, de man die weggaat bij die vrouw en die kinderen is een lul.

Maar ja. Wat weet je nou? Wat weet je van dat kind, van die vrouw, van die man? Je weet geen zak.

Als mensen uit elkaar gaan, gilt hun omgeving vaak in een reflex: 'Maar jullie waren zo'n leuk stel!' Nou, kennelijk niet dus, want als ze het leuk hadden hoefden ze deze hele narigheid niet in. Wat wisten wij nou? We wisten geen zak. We weten niets van de façade die mensen ophouden, niets van het leed van een ander, niets van waarom die ene meneer altijd zo vinnig schrijft in de krant.

'Ieder mens heeft lekjes,' zegt Anne-Wil Blankers. 'Ik vind het een sport en een avontuur om de vrouw die ik ga spelen te verdedigen, ook als het een kreng is. Dan wil ik toch weten hoe dat zo is gekomen. En waarom doet ze dit dan? Had dat niet anders gekund? Nee, voor haar kan dat niet anders. Soms is het stuk zwart-wit geschreven, maar dan nog zoek ik naar de lekjes. Gaatjes waar nog iets anders doorheen sijpelt, om de tegenkleur te laten zien. Zo'n proces, dat vind ik fantastisch. Ik ben gewoon heel erg geïnteresseerd in mensen. Hoe ze doen. Hoe ze blij zijn, hoe ze verdrietig zijn, en dat weer wegstoppen. Ik ben een hele erge kijker.'

Misschien maakt dat wel het verschil tussen een goede en een meesterlijke actrice. Kijken. Is er altijd een lekje te vinden, bij iedereen?

'Ja, er is altijd wel iets,' meent Anne-Wil. 'Er is altijd wel een reden waarom iemand is zoals-ie is.'

Wat voor geschreven toneelkarakters geldt, gaat denk ik ook op voor echte mensen in het echte leven – daar zijn die rollen namelijk van afgeleid, niet andersom. Er is bij iedereen altijd wel een reden 'waarom iemand is zoals-ie is'. En iedereen wil gezien worden. Dus wees zo aardig mogelijk, niet zo scherp mogelijk. Dat laatste is makkelijker, dat scherpe, en ik moet er zelf ook erg voor uitkijken het niet te doen. Het is makkelijker, maar het is minder knap.

De betreurde Joost Zwagerman zei het mooi in het (overigens prachtige) laatste interview dat Tom Kellerhuis met hem had voor *HP/De Tijd*: 'Je hebt eigenlijk twee soorten schrijvers. De wat cynisch ingestelde beobachtende schrijver die eigenlijk alleen maar geïnteresseerd is in *me*, *myself and I*, en de handenwrijvende auteur met een gezonde nieuwsgierigheid naar andermans werk. En zo'n laatste auteur ben ik. Als het goed is, krijg je bij het lezen van mijn non-fictie precies diezelfde handenwrijvende instelling als ik. Polemiek, en die heb ik ook vaak bedreven, is eigenlijk heel makkelijk, zeker als je stilistisch talent hebt en heel goed en makkelijk kunt uitleggen wat er niet deugt aan andermans werk. Maar uitleggen wat er zo prachtig aan is, is vele malen moeilijker. Ik denk dat ik ook niet meer zo vaak polemiek zal schrijven in de nabije toekomst. Want het is niet leuk.'

Uitleggen wat er zo prachtig aan is, is vele malen moeilijker. Zo is het ook met mensen. Wat er stom aan ze is, heb ik in een oogopslag gezien en kan ik in een adem vol zwaveldamp vernietigend verwoorden. Maar wat er zo mooi aan ze is, dát moet je zien. Want zoals Plato, of McLaren of Watson zei (van deze postmoderne citatenverwarring op het wereldwijde web had Joost Zwagerman vast iets moois gemaakt): 'Everybody you meet is fighting a battle you know nothing about. Be kind. Always.'

WEES NIET BANG

Toen we net samen waren gingen we in pre-relatietherapie. Ja, dit was een totaal debiele actie, we weten het. Het was een gekke tijd, laten we het daarop houden.

'Wat komen jullie doen?' vroeg de therapeut. 'Nou ja, we komen allebei uit een relatie,' begon Jessica, 'en dat is misgegaan. Dus ja. Wanneer gaat dit kapot, en waardoor?' De therapeut, een heel slimme vent, zei twee dingen. Ten eerste moesten we leren: als je ruziemaakt, iets stoms doet, iets verkeerds zegt, dan is dat niet het einde van de wereld. Dat kun je vaak gewoon weer repareren. Repareren? Maar ja, we hadden allebei in onze respectievelijke vorige relaties flink wat met de emotionele bandenplakset geklooid, vonden we, en het was toch niet gelukt. 'Tja,' zei de therapeut. 'Dat merk je dan nog wel. Je kunt in deze relatie misschien weer andere dingen. En nou wegwezen. Jullie zijn knetterverliefd, wees niet zo bang, ga eens leven!'

Wees niet bang, dat was het enige wat Thé Lau mee kon geven als levensles toen hem ernaar gevraagd werd, vlak voor zijn dood. Niet zo bang zijn.

'We zijn banger voor de liefde dan we bang zijn voor de dood,' zong hij eens, en zo is het. We zijn vaak nog banger voor het leven dan we bang zijn voor de dood, denk ik nu. Examen doen, verliefd worden, speechen, trouwen, kinderen krijgen, werken, alles is eng. De ander, die is ook eng. Soms, als ik bepaalde types te indrukwekkend vind, stel ik me voor hoe ze 's ochtends op de rand van het bed hun sokken aan hebben zitten doen. Dat maakt ze een stuk minder bedreigend.

Maar dan nog. Er kan zoveel misgaan. En er zal ook heel veel misgaan. Maar, leren alle wijze mannen en vrouwen in dit boek: dat is dan niet het einde van de wereld.

Wees niet bang.

Leef.